Paul Colin

La Belgique

après la guerre

Casa Editrice Rassegna Internazionale

Roma

La Belgique après la guerre.

Paul Colin

La Belgique
après la guerre

Casa Editrice Rassegna Internazionale
Roma

DITTA ALBERTO PACINOTTI & C. — PISTOIA.
(Officina Tipografica)

La Belgique et la guerre.

Envahie la première, offerte en victime par le capitalisme européen aux premières batailles et aux atrocités qu'engendre fatalement
cette plus grande atrocité qu'est la guerre, tenue pendant quatre années sous la botte des Junkers, la Belgique ne recouvra la liberté
qu'à l'armistice.

A cette heure là — où l'Internationale des Maréchaux était
enfin contrainte d'accorder la paix aux peuples ravagés, — l'hystérie nationaliste ne persistait plus, en France, que dans les articles de
MM. Maurice Barrès et Léon Daudet, dans les discours de quelques
politiciens, dans les harangues du Président de la République, c'est-
à-dire enfin, dans la boutique de ceux qui, ayant préparé la guerre,
redoutaient le bilan des responsabilités par où elle s'achéverait pro-
bablement. En Allemagne, le peuple était mûr sinon pour la révolution — hélas ! — du moins pour l'affranchissement et la destruction
des idoles. L'Angleterre ne respirait plus l'héroïsme que dans les
clameurs de Northcliffe. L'Autriche et l'Italie impérialistes se dé-
composaient.

La Belgique naquit, ainsi, au Nationalisme quand les autres
pays s'en délivraient ; — et elle inaugura la surenchère dite patriotique quand les autres l'abandonnaient.

Les Allemands évacuèrent Bruxelles le 17 novembre. Le même

jour, les édiles et les journaux (ceux-ci réapparaissaient pour la première fois depuis le 19 Août 1914) embouchèrent les trompettes de la vengeance. Et les « Ligues du Souvenir » commencèrent de pousser comme des champignons vénéneux.

Encouragée par certaines personnalités officielles et par les « chiennes d'enfer » de la presse, la foule se vengea de ses souffrances morales et physiques, et une suite d'excès furent commis à travers tout le pays, aussi bien contre les Allemands que contre la poignée de Belges flamands qui avaient recherché leur appui pour réaliser l'autonomie de la Flandre (« activistes »).

C'était un beau commencement.

Il allait avoir de plus beaux lendemains. Immédiatement, il fallut des victimes. On se mit donc en devoir d'arrêter une foule de gens, plus ou moins compromis et plus ou moins coupables. Les journalistes qui avaient pendant l'occupation allemande, publié des organes censurés par l'autorité impériale, les rares flamands « activistes » qui avaient eu le courage de rester au pays et n'avaient pas donné raison à leurs adversaires en prenant la fuite, les femmes qui avaient eu des relations avec des soldats ou des officiers étrangers, quelques mercantis (les petits, les inoffensifs) furent emprisonnés. Quelquefois ces arrestations donnaient lieu à des débordements populaires : dans plusieurs villes, des scènes honteuses se déroulèrent sous l'œil complaisant des autorités. On s'empara des filles publiques qui avaient eu des relations avec des Allemands, on les dénuda, on leur coupa les cheveux et on les promena ainsi au milieu des huées. D'autres bandes allèrent mettre à sac les maisons des activistes. Et la presse applaudit à ces actes « patriotiques ».

Ce fut selon l'expression d'Edmond Picard la « frénésie de la répression ».

Au milieu du massacre-moral de tous les impurs, tombèrent naturellement les rares, — oh ! si rares — défenseurs de l'Internationalisme, et des illettrés ne rougirent pas de réclamer, par exemple, la tête de Picard et celle de Georges Eekhoud.

La vie nationale se réorganisa sur ce plan d'hypernationalisme.

A Lophem, devant Gand, le roi Albert avait formé un cabinet « d'union sacrée » où les trois partis furent représentés, et on décida de retarder les élections afin de retarder également la renaissance des partis et l'âpreté des luttes intestines qui les accompagneraient.

L'erreur, ici, comme en bien d'autres points, fut lourde. Les trois partis traditionnels, loin de continuer une trêve qui leur pesait, s'efforcèrent de préparer les élections et à défaut de programme, ils se contentèrent de rivaliser entre eux de nationalisme. Chacun excommunia son voisin en mettant en doute son orthodoxie patriotique — et on en vint ainsi aux pires exagérations.

Il était normal, déjà, qu'après les quatre années de solitude et d'oppression une réaction *sentimentale* précipitât le peuple dans une redoutable cécité politique.

Et certainement, cette crise sentimentale, pour lamentable qu'elle fût, était assez compréhensible. Elle était pour mieux dire, excusable chez le peuple ; — et d'autant plus inexcusable chez ceux qui faisaient profession de le diriger et de reconstruire pour lui un avenir favorable.

Au début de la guerre, l'invasion avait été accompagnée dans plusieurs villes de massacres et d'incendies systématiques, et les nationalistes avaient eu beau jeu d'exploiter ces accidents terribles mais inévitables, en temps de guerre, — et qui font partie intégrante même de l'essence de la guerre — contre la réconciliation, contre la pitié, contre la volonté internationalistes. Au lieu de montrer à la foule que ces centaines de victimes innocentes étaient la rançon que la guerre impose à la population civile, ils prétendirent en faire des causes de vengeance et de haine inexpiable contre l'Allemagne. Profitant de l'oubli, de l'ignorance du peuple belge envers les crimes séculaires des militarismes, ils feignirent de croire que seuls dans l'histoire, les Allemands s'étaient rendus coupables de semblables forfaits et qu'il fallait les exclure, à perpétuité, de la Société des Nations. Ceux qui essayèrent, non pas de défendre des crimes horribles, mais de remonter aux sources et de démasquer la guerre comme seule vraie coupable, — ceux qui demandèrent si la France avait été exclue de la civilisation après la destruction du Palatinat et les Balkaniques après le martyr de la Turquie — furent aussitôt dénoncés comme des monstres et mis à l'index avec toute la rage dont le patriotisme fait un devoir à ses adeptes.

Les excitations provoquées par les malheurs de Dinant, de Louvain, de Termonde et d'Andenne trouvèrent, pour se multiplier et se paroxyser, un aliment facile dans les innombrables vexations qu'une occupation militaire entraîne derrière elle, surtout quand elle se prolonge pendant cinquante deux mois.

Les restrictions et les mesquineries de toutes sortes flagellèrent la population belge quotidiennement et sa rancune, toujours excitée par des pêcheurs en eau trouble, devint furieuse du silence qu'elle devait garder. Bientôt, d'ailleurs, les Junkers adoptaient une attitude nettement odieuse et contraire à toutes les règles de la guerre : je ne rappellerai que l'enlèvement des soi-disant chômeurs, mesure dont la barbarie s'augmenta encore de la barbarie avec laquelle furent menées les opérations. Un grand nombre de vieillards ou d'adolescents, une majorité d'honnêtes travailleurs qui n'avaient pas chômé un jour, furent arrachés à leur famille avec une brutalité inouïe, et même, en certains endroits, avec une manière de sadisme bien militaire.

L'enlèvement des hommes fut le plus grand crime de l'impérialisme allemand. L'influence morale des autorités et des corps constitués restés en Belgique au moment de la guerre, avait malheureusement été sabotée par une foule de protestations et de manifestations vaines et puériles. Néanmoins le Grand Quartier Général allemand fut contraint de suspendre l'exécution de cette mesure, devant l'indignation non seulement de la population belge, mais de l'opinion publique européenne.

De plus petites mesures augmentèrent encore la colère de la foule. La réquisition des cuivres et des laines accompagnée de visites domiciliaires et de cambriolages à main armée, fut une injure faite systématiquement à chaque famille, à chaque foyer et l'exaspération devenait logique, en quelque sorte, devant ces mesures continuelles de surveillance et d'oppression.

Enfin le sentiment, — je rappelle à dessein ce mot, pour souligner dans quelle direction constante se tournait la déroute morale du peuple — fut blessé une fois encore par l'entreprise dite des « activistes » — et moins, peut-être, par la séparation administrative qu'elle voulait instaurer entre la Wallonnie et la Flandre, que par la qualité de ceux qui la montèrent et par la protection officielle qu'ils cherchaient dans les Kommandantur.

Tout cela fait comprendre, je le répète, l'espèce de dilatation nationaliste qui suivit l'armistice. Mais cela n'excuse nullement les hommes qui, par ambition ou par folie, s'empressèrent de galvaniser une crise dont tous les efforts auraient dû tendre à abréger la durée.

Du moment que, de toutes parts et de source officielle, on l'y excitait, la foule ne connut plus de bornes dans son action. Et précisément, comme il s'agissait d'un mouvement d'ordre *sentimental*, les raisonnements les plus sévères — nos raisonnements — n'eurent aucun effet. Tous les meneurs faisaient un abondant usage d'arguments sentimentaux et, parce qu'ils répondaient à l'émotion intime des auditeurs, leur portée était infinie.

Que de fois les pauvres morts de l'invasion, que de fois Miss Cawell et Philippe Baucq, les déportés et les soldats de l'Yser, furent mis au service des plus vilaines tractations électorales ou des plus odieuses machinations personnelles !

Et ce fut un cercle vicieux au centre duquel le mouvement s'accéléra furieusement. Chacun voulut imposer son patriotisme et s'en prévaloir contre son voisin. Il y eut d'abord une pluie de dénonciations ! Georges Chennevière disait un jour dans l'*Humanité* qu'au lendemain de la Commune les parquets militaires furent écoeurés de la bassesse des dénonciations. On n'a jamais osé publier en Belgique le nombre de celles, pour la plupart anonymes, qui furent envoyées aux procureurs du Roi et aux commissaires de police : il doit se chiffrer par centaines de mille. Et je ne puis oublier que déjà sous l'occupation, les Kommandantur allemandes étaient noyées dans le flot des lettres (anonymes) où des Belges se vendaient à l'ennemi.

Cette besogne négative — dirais-je — terminée, on s'organisa positivement. On fit des sociétés, des ligues et des comités. Chaque commune en eut vingt cinq, agités d'une même fureur patriotique. Il n'y eut plus que des présidents, des secrétaires et des membres d'honneur de tout genre et de tout poil. Et cette offensive fut accompagnée d'un feu roulant de discours, dont la plupart auraient fait la joie de M. Joseph Prudhomme.

Ainsi s'organisa les milices du nationalisme intégral; les auspices sous lesquelles on présida à leur formation étaient trop peu brillantes pour qu'on pût augurer beaucoup de bien de leur avenir.

Pour résumer cette introduction, je dirai donc que la Belgique fut frappée tardivement — par suite des circonstances — de la crise d'hyper-patriotisme qui s'était abattue, avec la guerre, sur ses grands voisins ; — que cette crise revêtit chez elle un caractère encore plus nettement sentimental ; — qu'une foule d'ambitieux en profitèrent pour exciter l'opinion publique et se faire une plateforme électorale de ce qui aurait dû être combattu à l'égal d'une fièvre douloureuse.

II.

La Belgique et la paix.

Pendant ce temps, à Paris, se poursuivaient les tractations se-
crètes qui allaient aboutir au plus grand monument d'iniquité de
l'histoire contemporaine : le traité de Versailles.

L'attitude de la Belgique, officielle et populaire, devant la Paix,
fut aussi regrettable que leur attitude devant la libération. La situation morale de la Belgique à la conférence donnait à ses représentants, s'ils avaient réussi à l'utiliser, une place privilégiée. Certes,
pendant les cinquante deux mois de la guerre, l'ouragan d'erreurs,
de fautes et de sottises qui avait courbé le gouvernement exilé comme
un fétu de paille, avait fortement diminué l'avantage que les débuts
de la guerre nous avaient donné. Mais l'Entente s'était en quelque
sorte, engagée elle-même, liée elle-même, à faire, du moins en ap-
parence, un cas spécial de la Belgique. Pendant toute la guerre
n'avait-elle pas promené la Belgique sur ses bras, comme une men-
diante exhibe un enfant malade, pour exciter la pitié du monde ? Si
courageusement nos délégués avaient su dégager un programme des
brumes de la discussion, — si, au préalable, ils avaient eu un programme et avaient osé l'exprimer, — et si, en cas de refus ou de
mépris, ils avaient su en appeler aux autres puissances sacrifiées et
faire, en quelque sorte, un syndicat des petites nations, en face de
l'autocratie du Conseil des Quatre, il est probable que la situation
eût été fort modifiée.

Mais, d'une part, nos délégués avaient été choisis sur une base visible : un homme par parti ! D'autre part, ils ignoraient tout de la question européenne. Ils ne se préoccupèrent que de leurs petits intérêts « limités » dont Clémenceau avait fait l'invention. Enfin, ils furent eux-mêmes absorbés ou dominés par la crise sentimentale dont j'ai parlé plus haut.

L'abdication de la Belgique devant la paix est un spectacle sans précédent et sans exemple. Wilson, qui, à son arrivée à Paris, jouissait lui aussi d'une autorité morale considérable se fit dépouiller par ses adversaires ; mais la Belgique, elle, se dépouilla elle-même.

Le rôle qu'elle avait à jouer, cependant, s'indiquait de lui-même : c'était celui d'un arbitre, qui, s'il ne pouvait faire respecter ses décisions par des partenaires beaucoup plus puissants, pouvait les atteindre dans leur prestige en se retirant de la conférence, en dénonçant leurs procédés.

Puisque les vainqueurs se targuaient d'instituer une vraie cour de justice et de liquider la guerre selon les principes de la légalité et de la moralité supérieures, nul ne pouvait revendiquer davantage une place dans cet aréopage que le petit Etat dont l'attitude, en août 1914, avait été indiscutablement honorable, et au nom duquel beaucoup d'autres pays avaient pris les armes, pour, disaient-ils, rétablir le droit.

Le droit n'avait été, il faut bien le dire, lésé par l'Allemagne qu'à un seul endroit : en Belgique. Partout ailleurs, la faute avait été au moins partagée.

D'autre part, l'innocence de la Belgique dans la question des responsabilités de la guerre était évidente. Seule, de toutes les nations européennes, la Belgique ne portait aucune part de responsabilité dans l'affreux conflit. On n'en pouvait même pas dire autant de la Serbie, qu'on s'est obstiné, dans plusieurs cas solennels, à assimiler à la Belgique, ce qui n'est guère honorable pour celle-ci. Puis, au courant de la guerre, la Belgique, seule, encore une fois, des puissances belligérantes, n'avait pas entaché par des iniquités ou par des manoeuvres d'impérialisme, une cause trop belle pour n'être pas respectée. Elle n'avait pas trempé dans l'infâme « opération d'astreinte » dirigée contre la Grèce par les champions de la liberté. Elle n'avait pas ravagé de contrées ennemies, comme l'Allemagne. Ni embrigadé des sauvages, comme la France. Elle n'avait pas démasqué, comme la Bulgarie, l'Italie et la Roumanie, des appétits de conquête, n'avait pas cherché à affamer des innocents comme l'Angleterre, ni voulu les faire périr lâchement par la guerre sous-marine comme les puissances centrales.

Entraînée par le sort dans un conflit que ses diplomates avaient prédit en insistant sur les responsabilités réelles ; — victime de toutes les grandes nations, de leur course aux armements et de leurs rivalités économiques, la Belgique avait souffert de longs et durs sacrifices. C'est pourquoi il est si lamentable de voir qu'elle perdit le sens de la réalité politique, en même temps qu'elle s'avilissait à l'intérieur.

A Paris, les délégués belges firent preuve, dès leur arrivée, d'une si parfaite insuffisance, d'un tel manque de compréhension et d'une telle absence de programme que non seulement les maîtres du jour mais aussi leurs collègues des petites nations se détournèrent d'eux.

La voix de la conciliation, de l'honnêteté, de la réconciliation
qu'on attendait d'eux, ils ne la firent pas entendre. Ils se turent
avec obstination sur toutes les questions des origines de la guerre qui
étaient cependant si liées avec celles de sa conclusion.

Ils acceptèrent béatement la thèse de la responsabilité unilaté-
rale et, comme toute la conférence, ils s'obstinèrent à ne pas remonter plus haut que le 4 Août 1914. Le prestige que leur donnaient
la longue campagne de l'armée belge, sa participation à l'offensive
et, d'autre part, le courage de la population civile, ils auraient pu
l'employer, non seulement pour la Belgique, qui fut indignement
traitée, mais pour tous les participants, dans le sens de la reconsti-
tution équitable, sur la base des dommages réels et de l'irresponsa-
bilité relative.

Ils n'en firent rien. Ils crièrent avec le loup, exactement au jour
et à l'heure où on leur permit de crier, et ils mêlèrent leur voix au
concert qui disait : « Le Boche, seul coupable, paiera ».

Se représente-t-on, cependant, l'arme qu'ils avaient entre les
mains par la simple menace de se retirer de la conférence ? Les Belges, quittant Paris en dénonçant l'injustice des autocrates, auraient
révolutionné l'opinion publique mondiale et auraient forcé leurs adversaires, si puissants fussent-ils, à céder. Ils préférèrent « être sages »
et mériter les éloges des ministres de Clémenceau.

Se représente-t-on le coup de tonnerre bien plus grand encore,
si les Belges — et on aurait dû pouvoir attendre ce geste d'un Vandervelde — s'étaient retirés comme le fit Keynes, mais avec éclat,
en proclamant la grande vérité de la culpabilité partagée, — dont
les documents *belges* sont la plus irréfutable preuve — et de la né-

cessité d'une paix de justice et de réconciliation, et non de parjure et de haine ? Seule, la Belgique, dont l'innocence était reconnue de tous, pouvait se hausser à ce rôle de justicier suprême. Elle n'essaya même pas de le faire.

Le résultat le plus certain, à son point de vue (au point de vue européen, ce résultat est l'ignominie de Versailles) fut le mépris de ses alliés et la fin de non-recevoir opposée à la plupart de ses revendications.

Pourquoi nos délégués agirent-ils ainsi ? Et quelles furent ces revendications qu'ils espéraient faire mieux triompher par une autre politique que celle du courage et de la justice ?

En fait, il faut dire à la décharge de nos délégués à Paris qu'ils n'étaient pas aussi libres qu'on l'aurait désiré ; ils étaient liés jusqu'à un certain point par l'attitude adoptée pendant la guerre par les gouvernants du Havre. Une première fois, en décembre 1916, une deuxième fois quand l'Autriche, après l'avènement au trône de l'empereur Charles, chercha à se rapprocher de l'Entente et à être entre le groupe occidental et l'Allemagne un trait d'union et un moyen de conversation ; une troisième fois, quand, par l'intermédiaire de la Comtesse de Mérode, le Baron von der Lancken chercha des ouvertures de paix, les ministres belges n'adoptèrent pas une politique résolue et ne firent aucun effort pour influencer leurs alliés dans le sens de la justice et de la pacification. Ils n'eurent aucune parole pour réclamer un examen sérieux des offres de l'adversaire et pour recommander les concessions. (Cependant s'ils avaient réussi, la Belgique en eut été la première à s'en réjouir : en décembre 1916, l'activisme n'avait pas commencé son action officielle, la déportation des hommes n' avait pas eu lieu, les usines étaient intactes et le système des réquisitions n' avait pas été instauré). Ils n' eurent aucun blâme pour l' obstination hystérique d' un Poincaré et des autres impérialistes français. Et quand l' Allemagne s' adressa directement à eux, ils ne tentèrent pas sérieusement de faire triompher leur mission.

C' était, sans nul doute, un mauvais précédent pour les plénipotentiaires belges et leur insistance n' aurait pas manqué de soulever chez ceux que leur indolence avait fait leurs complices, des reproches mérités. N' importe ! Cette tardive conversion n' en restait pas moins un devoir moral et une nécessité politique.

Mais les délégués étaient possédés par d' autres désirs et par d' étranges illusions. Ils voulaient, à force de platitudes et d' abdications, obtenir de leurs grands alliés, comme une aumône ou comme le prix de leur silence, ce qu' ils avaient le droit de réclamer et d' obtenir, aussi bien des puissances occidentales que des Allemands. Ils s' hallucinèrent sur la nécessité d' une alliance, sur la nécessité d' un appui permanent de la part de l' Entente, sur la nécessité d' adopter la politique d' un groupe contre un autre groupe de nations.

Ils renoncèrent à la tradition diplomatique belge, au bénéfice de sa géographie, à la leçon de son histoire pour entamer, sous l' influence de certains milieux turbulents et sans lucidité qui s' étaient formés en Belgique et rassemblaient tous nos impérialistes, une politique d' assujetissement et de clientèle.

Hypnotisés par la protection promise par la France, nos délégués renoncèrent à jouer un rôle quelconque et ils se contentèrent de soumettre avec autant de patience que de foi, au Conseil suprême, des requêtes interminables et motivées — comme toute la politique interne de leur pays, — par des considérations sentimentales.

Au lieu de concevoir hardiment que l'Entente avait besoin de la Belgique, ils s'intoxiquèrent de cette idée mesquine que la Belgique était l'obligée et, en quelque sorte, la vassale de l'Entente.

Dans la lutte que représente toute grande conférence diplomatique, ils sacrifièrent leurs atouts et jouèrent un jeu qui n'était même pas prudent et qui, surtout, n'était pas courageux.

C'est ainsi que la Belgique disparut comme facteur moral d'une coalition dont elle avait, du moins aux yeux du monde, été le ciment jusque là. L'enfant avait crié durant quatre années à chaque injonction de l'Entente, mais au moment où l'affaire se liquidait, il se laissa remiser sans protestations et n'éleva point la voix pour réclamer la partie qui lui revenait de la recette accumulée grâce à lui.

Cependant la politique de l'alliance et de l'appui mendié, devait valoir à nos délégués une humiliation solennelle. Les prières ne furent guère entendues et moins exaucées encore. Les raisons sentimentales qui les accompagnaient ne furent pas du goût des autocrates et leur valeur positive ne résista guère à un examen sérieux de la situation.

C'est ici surtout que la Belgique fut trahie par ses impérialistes, et que ses ministres ne réussirent pas à lui garder sa dignité et son honnêteté. Les revendications qu'ils présentèrent étaient considérablement exagérées. D'une part, chaque citoyen avait surestimé la perte dont il demandait réparation et augmenté le total avec des facteurs aussi inadmissibles que le « manque-à-gagner », et d'autre part, peut-être dans la crainte qu'on ne réduise la part de chaque état, l'addition globale avait été également gonflée à l'excès.

Tandis que ces demandes économiques étaient ainsi présentées, les demandes territoriales tant du côté de l'Allemagne que du côté de la Hollande neutre, subissaient aussi l'outrance des esprits qui les concevaient, à Bruxelles. Un matin, la capitale s'était réveillée devant des affiches énormes qui entouraient d'un trait rouge sur une carte, les pays réclamés. L'Allemagne rhénane, la moitié de la Hollande et le Grand Duché de Luxembourg n'échappaient pas à la mégalomanie de nos nationalistes. Or la conférence avait décidé de ne rien enlever à l'Allemagne du côté occidental ; les revendications du côté hollandais qui auraient peut-être été examinées si elles avaient porté sur quelques points de faible envergure furent rejetées à cause de leurs grotesques proportions ; et la France avait des vues sur le Luxembourg, au moins au point de vue économique.

Indisposé déjà contre nous par les additions falsifiées du chiffre de nos pertes et dommages, — falsification qui n'avait pas résisté à une analyse — le Conseil des Quatre trouva nos prétentions territoriales impudentes (elles l'étaient, d'ailleurs, et n'avaient pu germer que dans le cerveau en folie de nos militaristes) et opposa à nos humbles prières un refus formel.

Le ton d'ailleurs avec lequel nos délégués demandaient des choses énormes, fit au Conseil Suprême l'impression qu'hypocritement nous cherchions le moyen de le tromper, que nous étions un faux infirme, sournois et rapace.

L'effacement de la Belgique dans la ruée des appétits et qui contrastait avec l'excès de nos désirs quand ils s'exprimèrent, sem-

bla aux maîtres du monde le manteau couleur muraille dont se cou-
vraient les conspirateurs romantiques.

Après cet échec, la Belgique qui s'était déshonorée en cherchant à surestimer ses dommages, ne trouva plus à Paris qu'indifférence à peine courtoise. Elle avait trahi l'espoir des petites puissances par sa veulerie ; elle avait mécontenté les grandes puissances.

Elle était et resta seule.

III.

Le Comité de Politique Nationale.

La responsabilité de cette situation désastreuse incombe toute entière au *Comité de Politique Nationale* et aux organes qui défendirent les mêmes thèses que lui, comme *La Nation Belge*.

Le *Comité de Politique Nationale* est une ligue qui, sous prétexte de faire passer l'intérêt du pays au-dessus de l'intérêt des partis, fit appel à tous les hommes généreux et actifs, à quelque nuance qu'ils appartinssent.

Il faut distinguer entre les membres de ce C. P. N. qui, à vrai dire, sont des éléments dépourvus de toute influence, et la poignée des hypernationalistes, qui en forment le comité directeur, l'ayant créée pour s'en servir comme d'un marche-pied électoral et l'ayant orientée dans le sens le plus extrémiste, par ce phénomène courant qui veut que toutes les conspirations impérialistes entraînent ceux qui s'y complaisent dans la plus folle et la plus odieuse des réactions.

Ayant ébauché un programme vague et de pur verbalisme, ils entreprirent une grande propagande dans les milieux officiels, se protégèrent bientôt de quelques signatures considérables, — celles de généraux naturellement — et organisèrent une sorte de terrorisme, une manière de chantage patriotiques.

La manoeuvre, en ces choses là, s'opère toujours en deux temps.

D' abord, on affiche des sentiments d' horreur vis-à-vis de la politique, et on s' apprête à combattre, dit-on, tous les sectarismes et toutes les incompétences. On promet de garder une stricte neutralité sur toutes les questions de politique intérieure et d' être, en quelque sorte, une simple « conscience de la nation ». De cette façon, on fait des victimes. Cette escroquerie réussit le plus souvent. Elle réussit d' autant mieux qu' on l' accompagne de menaces non déguisées et qu' on jure de dénoncer à l' opinion publique les autorités qui ne se rallieraient pas à ce programme si modéré d' union et d' action nationales.

Ensuite, — deuxième temps — quand le recrutement a donné tout ce qu' il pouvait donner, on démasque une organisation de travail, on nomme — mystérieusement — des commissions exécutives, et on s' affiche comme parti politique, comme concurrent pur et simple des anciens partis, avec des tendances impérialistes et des procédés d' autocrates.

Le C. P. N. ne se conduisit pas autrement. Il y eut d' abord, la fameuse campagne auprès des conseils communaux et d' une foule de personnes, dont la surexcitation, — feinte ou sincère — au point de vue patriotique, était connue. Les uns et les autres approuvèrent l' ébauche de programme et aussitôt on afficha, dans toutes les couleurs du disque solaire, que des centaines de milliers de Belges se groupaient spontanément autour du C. P. N. Ces hommes comptaient comme adhérents, dans leurs additions glorieuses, tous les habitants des communes dont les conseils avaient voté une adresse de sympathie pour l' orientation vague (je le répète) et tronquée que ses délégués leur avaient présenté.

Les initiateurs du mouvement l'accompagnèrent d'une foudro-
yante offensive de presse et ils réussirent si bien à illusionner les
autres, que certains d'entre eux s'illusionnèrent eux-mêmes et se prirent à leur propre jeu.

Alors, ils constituèrent leur comité. Mais l'ère des désillusions
commença. Le cynisme avec lequel ils avaient voulu opérer la transformation de la ligue négative en parti politique réactionnaire leur fit
perdre beaucoup de protecteurs. Si bien que leur comité directeur
fut composé seulement d'inconnus en mal de se faire connaître, et
de très jeunes plaisantins.

L'affaire, après avoir bien débuté, « continuait » mal. Les manifestations ridicules auxquelles se livrèrent ces jeunes gens, ainsi que
les idées qu'ils promulguèrent, leur valurent plus de défections encore, et quand, aux élections de novembre 1919, ils eurent l'audace
agréable d'opposer des listes de candidats à celles des partis traditionnels, plusieurs de leurs protecteurs les plus respectés leur signifiè-
rent nettement que leur nom n'était plus à la disposition de leur
fantaisie.

Ayant si mal continué, le C. P. N. connut bientôt une déroute
décisive. Quand ce parti de plusieurs millions d'hommes alla aux
urnes, il se révéla d'une importance puérile : dans le pays tout entier, avec addition des résultats obtenus dans toutes les circonscriptions,
ses candidats recueillirent à peine dix mille voix.

Depuis cette mésaventure, le C. P. N. qui s'est démasqué lui-
même, n'est plus que l'officine de la minorité d'extrême-droite.

*
* *

Mais l'apogée de cette énorme plaisanterie coïncida malheureusement avec les négociations de paix et l'influence néfaste des aboyeurs
qui la montèrent eut sa répercussion à Paris.

J'ai déjà parlé de la célèbre affiche de revendications territoriales qui eut l'heur d'enrager, pas ses outrances, les ambassades
étrangères de Bruxelles. C'était le début d'une action, qui de défaite
en défaite, allait valoir à la Belgique toutes les humiliations.

La décision du Conseil Suprême suscita une révolte au sein du
C. P. N. ; au lieu de comprendre combien leur culpabilité était certaine, les nationalistes bruxellois s'acharnèrent à vouloir justifier leurs
prétentions et ils entamèrent une campagne dont nous restâmes les
spectateurs indifférents et amusés, sachant qu'elle ne nous faisait
courir aucun risque.

Leur thèse pour l'annexion allemande, était très simple. Je résume ici l'argument économique sur lequel ils cherchaient à l'étayer,
car tout l'arsenal des trémolos sentimentaux fut, bien entendu, mis
une fois de plus à réquisition. La Belgique, disaient-ils, ne peut se
passer pour vivre de l'Allemagne rhénane. Or il est inconcevable,
il est immoral de songer et d'admettre que la Belgique puisse ré-
prendre, sous quelque forme que ce fût, son commerce avec un pays
allemand. Donc il faut que la Rhénanie soit belge. — Il faut ajouter à
cela une série d'affirmations tendant à prouver que certaines parties
de la Rhénanie appartenaient historiquement et raciquement à la
Belgique.

Vis-à-vis du Grand-Duché du Luxembourg, ils employaient la politique de la persuasion et du sentiment. Ils ne reculèrent, d'ailleurs, devant aucun ridicule et ils se prirent à employer, à l'égard du Luxembourg et de certaines provinces hollandaises, lex expressions chères à Déroulède à l'égard de l'Alsace-Lorraine.

Ce fut vis-à-vis de la Hollande qu'ils accumulèrent le plus hargneusement les provocations. J'aurai l'occasion de revenir plus loin sur cette question hollandaise (1) dont l'importance est indéniable. Je dirai seulement ici que le C. P. N. affirma des droits imaginaires vis-à-vis d'importantes portions du territoire néerlandais, dont les habitants, séparés de nous non seulement par la religion et les opinions politiques, mais aussi par une infinité de facteurs sentimentaux, ne veulent pas souscrire le moins du monde à ce que nos impérialistes appellent une « désannexion ». Le C. P. N. cependant, ne recula devant aucune dépense pour s'assurer, dans le Limbourg, quelques publicistes vénaux et quelques correspondants d'une moralité approximative, dont il fit des héros et des frères. Son agitation, bien entendu, allait au devant d'un effondrement.

Néanmoins certains journaux se faisant en Belgique les porte-paroles de leurs inepties, et l'épreuve des élections n'ayant pas encore eu lieu pour montrer la misérable impuissance de ce parti d'extrémistes, il y eut jusque dans les rangs du gouvernement, une certaine hésitation. Pour comprendre ceci, il faut encore une fois se reporter à cette vague de surenchère sentimentale dont j'ai déjà parlé à plusieurs reprises et qui permettait tous les chantages et toutes les dif-

____

(1) Voir chapitre VII.

'famations. Les apôtres de l'union nationale ne se faisaient pas faute d'employer ces armes à chaque instant. Un député ou un ministre flamand refusait-il, par exemple, d'entrer dans leurs vues qu'ils le dénonçaient aussitôt comme un « activiste », et ils firent peser, sur les hommes timorés ou prisonniers de l'électoralisme, la terreur du « pro-bochisme ».

Chaque membre du gouvernement était, de la sorte, menacé et surveillé, et le courage civique étant une chose plus rare que ne le proclament les discours, beaucoup de capitulations et de concessions furent arrachées au ministère par des hommes qui avaient réussi à faire illusion sur leur force.

En outre, la Chambre législative qui siégeait au lendemain de la guerre et sur laquelle s'appuyait le gouvernement, était celle encore de 1912. Les mandats périmés des députés avaient été inconstitutionnellement prolongés et le prestige moral de cette assemblée qui visiblement ne représentait plus l'opinion du pays était ébranlé. Aussi le C. P. N. en agitant dans ses manifestes le million de ses membres imaginaires avait-il soin de proclamer que la Chambre nouvelle ferait, aux représentants de ses idées (il ne parlait pas encore de listes séparées) une large place.

Pour ces deux raisons, — qui se résument en une seule, la surestimation de la puissance d'opinion que représentait le C. P. N., — le gouvernement n'adopta pas devant cet ennemi l'attitude de fermeté et de résistance que l'intérêt du pays lui commandait de prendre. Sans adopter les thèses et les revendications des affiches et des pamphlets des extrémistes qui ne rêvaient que batailles, canons, armées énormes et conquêtes, il n'osa pas les repousser sans compromis.

J'ai critiqué dans le chapitre précédent, la façon dont les délégués belges, à Paris, négligèrent d'imposer aux puissances alliées un programme de justice et de lucidité. Il faut cependant reconnaître que beaucoup de circonstances atténuantes existent à leur endroit, et parmi elles je n'en connais pas de plus importante que le manque de précision dans les idées du Gouvernement de Bruxelles, tiraillé entre les nécessités nationales et les menaces des aboyeurs impérialistes. On leur donna successivement des directives contradictoires et ils durent dégrader leurs revendications en y introduisant des clauses immorales ou insanes.

Les humiliations ne manquèrent pas, d'ailleurs, à la Belgique.

Le Conseil Suprême, — je l'ai dit — refusa de discuter les visées annexionnistes sur la Rhénanie. Et vraiment il ne pouvait répondre différemment à cette puérilité. Il accorda à la Belgique, seulement, les « cercles » prussiens d'Eupen et de Malmédy, dans des conditions qui ne seront jamais à l'honneur de notre pays. Pour le reste, il imposa le statu quo.

Le Luxembourg, dans un referendum solennel, loin d'accepter une réunion comme l'exigeait le C. P. N., refusa même un accord économique. Et nous dûmes subir que les « pauvres désannexés » de 1839 dénoncèrent de la sorte, ouvertement, le mensonge et l'hypocrisie de nos affirmations.

La Hollande n'eut aucune peine à obtenir du Conseil Suprême la garantie que son statut territorial serait inchangé et que les criailleries du C. P. N. se perdraient dans le vent.

Tels furent, au point de vue extérieur, les résultats de la formation et de l'action de ce groupement autonome, dont le but était de briser les anciens cadres des partis pour placer au pouvoir, à la faveur de la guerre, quelques créatures nouvelles.

*
* *

Au point de vue de la politique intérieure, le rôle du C. P. N. ne fut pas moins néfaste.

Son militarisme hystérique exaspéra la population belge foncièrement, traditionnellement anti-militariste ; et si les mesures qu'il réclame devaient jamais recevoir un commencement d'exécution, cette exaspération éclaterait, sans nul doute, d'une façon tumultueuse.

D'autre part, sa politique d'hostilité systématique, mesquine et impitoyable vis-à-vis de toutes les mesures de justice réclamées par les flamands, ses suspicions d' « activisme » jetées sur une infinité d'hommes qui durant la guerre, se sont tenus à l'écart de toute collusion avec les Allemands et se sont réservés pour l'heure où, après la libération, les anciennes iniquités auraient dû être mises en discussion, contribua grandement à créer entre Wallons et Flamands l'abîme qui les sépare aujourd'hui et qui rend infiniment précaire toute tentative de pacification. Si les factions rivales sont aujourd'hui à la veille de sombrer dans les outrances les plus regrettables et les plus décisives, c'est au C. P. N. que la Belgique le doit.

Il lui fallait, d'ailleurs, chercher des plates-formes négatives pour fonder un parti en dehors et contre les partis existants. Pour rompre le cercle de fer des partis belges, il lui fallait recourir à une surenchère effrénée et ne reculer devant aucune excitation. Ceux qui l'inventèrent pour conquérir une situation politique ou pour affermir celle que leur conduite avait mise en péril, étaient d'ailleurs tous des réactionnaires et des antiflamands. Il était certain, dès lors, que leur programme aurait combiné l'impérialisme à l'extérieur avec l'oppression à l'intérieur de ceux qui par leur race et leur passé ne pouvaient pas souscrire aux folies qu'ils proposaient, comme un devoir, à la nation.

Les chevilles ouvrières du C. P. N. furent Jules Destrée, traître au socialisme, et l'un des plus grands coupables de la prolongation inutile de la guerre, — Pierre Nothomb, jeune poète idéaliste, désireux d'autres succès plus solides ; — Fernand Neuray, journaliste taré, rénégat du parti catholique ; — quelques éliacins qui se groupèrent autour d'eux dans un espoir de lucre à peine déguisé, et quelques comparses à qui leur fortune permettait d'éspérer, en cas de victoire, des sièges au parlement.

Mais leur besogne néfaste accomplie, la paix ayant été perdue, pour la Belgique, et la guerre civile éveillée entre nos provinces, la honteuse défaite de novembre vint mettre un terme à leur dictature. M. Destrée s'était empressé, d'ailleurs, de quitter le bateau en péril et de se faire réélire, — nous verrons grâce à quel vice de la loi électorale — sur une liste socialiste.

Depuis lors, les débris du C. P. N. s'acharnent à trouver dans la réaction française l'appui dont ils ont besoin. Et ils sont parmi les plus actifs agents de cette alliance française, dont je parlerai plus loin (1), — et dont la menace devrait épouvanter une Europe consciente.

---

(1) Voir chapitre IX.

IV.

Le Parti Catholique

Mais avant d'examiner les problèmes de la politique extérieure, je crois qu' il n' est pas inutile de regarder les facteurs de la politique intérieure, c' est-à-dire les grands partis traditionnels.

Ils sont trois : catholique, socialiste et libéral.

Le parti catholique fut pendant de longues années le maître de la situation au Parlement. Il y jouissait d'une majorité absolue et le gouvernement fut pendant plus de trente années exclusivement clérical.

Cette situation était créée par la loi électorale en vigueur jusqu' à la guerre, et qui, tout en instituant le suffrage universel, en faussait les résultats par le système du vote plural. Certaines catégories de citoyens étaient, grâce à lui, favorisés ; en effet, si la qualité de père de famille conférait une seconde voix au prolétaire aussi bien qu' au bourgeois, les prérogatives attachées au cens payé par l' électeur ou à son degré d' instruction donnaient à la classe aisée le moyen de mettre en échec une majorité d' ouvriers. Et si on songe que les cléricaux, dans la confection de cette loi, avaient eu soin d' attribuer trois voix à tous les ecclésiastiques, on admet facilement qu' ils n' avaient pas craint d' abuser de leur pouvoir parlementaire pour assurer leur avenir.

Les élections de novembre 1919 furent faites sur la base du suffrage universel pur et simple — décrétée par une simple loi, malgré la constitution — et l'antique majorité cléricale fut renversée.

Il faut d'ailleurs ajouter que le parti catholique n'offrait plus aux électeurs le spectacle de concorde, de talent et de discipline qui pendant tant d'années, avaient assuré sa victoire.

De ses leaders les plus fameux, seul M. Charles Woeste vivait encore, et malheureusement pour son parti et peut-être pour son pays, il représentait la fraction la plus réactionnaire de la droite, la plus confessionnelle et la plus intransigeante. Il symbolisait à lui seul ce qu'on appelle la Vieille-Droite, en souvenir des grandes luttes politiques de jadis et des éminents hommes d'état comme Beernaert, qui avaient affirmé leur clairvoyance et la force de leur tactique.

Un assez grand nombre de plus jeunes leaders briguaient la suprématie dans le parti ; mais tant que le vieux Woeste vivra et siégera à la Chambre et malgré les inimitiés accumulées par son sectarisme au sein même de son parti, il sera presque impossible à un membre plus jeune de réunir sur lui l'unanimité des suffrages et des sentiments et il y aura toujours entre lui et le vieillard une latente et pénible dualité. En outre, à l'heure actuelle, le nombre, l'activité et l'ambition de tous ceux qui aspirent à prendre la position de chef de groupe amènent avec leur rivalité, le fractionnement des forces et des tendances.

Avant la guerre, la Jeune-Droite s'était séparée de la Vieille-Droite et le vieux leader Woeste fut supplanté dans son fief. A cette époque, toutes les forces parlementaires du parti catholique avaient accordé leur confiance à un seul homme et même les adeptes des vieilles conceptions, s'ils s'insurgeaient parfois dans l'intimité contre l'hégémonie d'un Jeune-Droite, faisaient bloc avec leurs collègues devant des tiers. L'homme qui avait unifié la Droite, de la sorte, était le baron de Broqueville, chef du cabinet d'avant-guerre et qui, brusquement apparu aux avant-plans de la politique après la chute du cabinet Schollaert, avait su imposer ses conceptions.

Mais le baron (puis comte) de Broqueville, retiré de la vie parlementaire ou du moins de la vie active, perdit au courant de la guerre, la plus grande partie de son prestige, — nul ne pourrait dire exactement s'il y eut là de sa faute ou s'il fut victime d'une cabale — et quand la guerre finie, les groupes se reconstituèrent, il n'eut même plus la force de désigner un successeur.

Or le malheur voulait pour le parti clérical que le nouveau chef de gouvernement, — choisi parmi les personnalités catholiques non parlementaires — M. Léon Delacroix fut incapable d'imposer sa suprématie aux vieux routiers du Parlement aux yeux desquels il n'était et ne pouvait être qu'un intrus. Cette méfiance ne tarda pas à se muter en hostilité, par suite des fautes (dont certaines étaient, d'ailleurs, inévitables) que fit le nouveau chef de cabinet et plus encore des compromis auxquels il dut se prêter, de par l'essence même d'un ministère de coalition.

Certains chefs de la droite ne lui pardonnèrent pas ou du moins feignirent de ne pas lui pardonner les mesures de conciliation qu'il fut amené à prendre pour conserver la paix au sein du cabinet.

Privée du chef indiscutable qu'avait été pendant quelques années le baron de Broqueville, ne possédant plus, selon la tradition, un pivot d'action en la personne du premier ministre, la Droite devint naturellement la proie des ambitions rivales.

La séparation se fit aussitôt entre M. Woeste et les Jeune-Droite, puis, au sein de celle-ci, entre plusieurs groupes qui différaient plutôt sur des questions de personne que sur des questions de principe.

MM. Renkin, Helleputte, Segers, Van Cauwelaert, représentèrent des nuances différentes. Et l'antagonisme fut si prononcé, pour certaines questions du moins, qu'il serait actuellement plus juste de parler des « droites » que de « la droite ».

Le point de vue confessionnel qui, depuis toujours, avait été le ciment du parti, est passé lui-même au second plan ou pour mieux dire est devenu impuissant à maintenir l'unité. Et certains problèmes épineux, comme, par exemple, le problème flamand, dominent la situation dans le parti clérical comme (et peut-être plus que) partout ailleurs.

Cette division, cette question flamande et la création de certains partis autonomes qui enlevèrent des voix aux catholiques, l'indécision de leur programme et enfin le nouveau mode électoral furent les causes de la défaite du 16 novembre.

Une autre cause, qui ne doit pas être oubliée et que certains politiciens de droite récusent à tort, c'est qu'aux yeux du peuple (où cette croyance fut fortifiée par les autres partis), le parti catholique est celui qui n'a pas su éviter la guerre. Il était au pouvoir depuis trente ans quand elle se déclancha et il est évident que la politique, pourtant très sympathique (c'est la seule chose sympathique de l'action cléricale) des gouvernements successifs en matière militaire, fournit à l'opposition des arguments incomparables.

La droite qui s'était retranchée (par électoralisme) derrière la neutralité diplomatique, supporta la responsabilité de l'invasion. L'armée était insuffisante et mal outillée : tous les reproches allèrent au gouvernement et vraiment il aurait été étonnant que ces hommes de 1914 auxquels ne restaient plus que les reproches pour alimenter leur désespoir, n'en eussent pas fait un abondant usage.

La guerre, l'invasion, les souffrances rendent injustes. Le terrain n'avait jamais été aussi bien préparé pour ruiner le crédit d'un parti de majorité. Et ceux là même qui, pendant les dernières décades, avaient le plus violemment manifesté contre les dépenses militaires, accablèrent de récriminations les chefs auxquels jusque là ils avaient fait confiance.

En fait, cette explosion de rancunes était injuste même au point de vue de la « défense nationale », car, c'était le gouvernement catholique qui, de 1909 à 1913, avait en plusieurs étapes, changé le système du militiennat et du remplacement, en celui du service personnel et général. Mais cette transformation était trop récente pour avoir pu donner, en 1914, des résultats appréciables. Aussi ne tint-on pas compte de la loi votée et des intentions qu'elle révélait, mais seulement des résultats.

Le mécontentement augmenta contre le parti clérical, pendant la guerre, parce qu'on l'accusa d'avoir inventé et propagé le flamingantisme à ses débuts, et par conséquent d'être responsable des outrances « activistes ».

Ces deux vagues de ressentiment contre la droite furent si intenses et si précises que si la guerre s'était arrêtée au bout de quelques mois, ou bien vers 1917, au moment où l'activisme se révélait, la défaite du parti clérical aurait, sans nul doute, été beaucoup plus complète. Les efforts de quelques personnalités, pour la plupart extraparlementaires, le sauvèrent de cette déroute.

Au premier rang de ces personnalités, il faut citer le Cardinal Mercier. Il se mit résolument à la tête du mouvement catholique et il chercha à relever son honneur, aux yeux du pays, et rivalisant avec les adversaires de gauche sur le terrain patriotique. C'était, je l'ai dit, sur ce terrain là que le parti était si fort discrédité qu'il n'osait plus guère y faire figure. Tirant avantage de sa situation, le cardinal Mercier brigua l'honneur d'être un centre de résistance contre l'occupation allemande.

Il y réussit, parce que le peuple était naïf et que l'union sacrée lui faisait un devoir d'admirer ce qui, en temps de paix, lui aurait semblé suspect à juste titre. Et puis, dans sa déroute sentimentale, il ne demandait qu'à vénérer ceux dont l'attitude semblait plus ou moins symboliser sa douleur et sa foi dans ses destinées.

A l'abri de sa pourpre cardinalice (il savait que l'Allemagne ne voulait à aucun prix se brouiller avec Rome), il se livra à quelques petites manifestations peu dangereuses mais bruyantes, et dont il tira profit pour le plus grand bien de sa cause. Ses lettres pastorales et quelques interventions directes auprès du gouverneur von Bissing, dont il avait soin de faire répandre en grand nombre, des copies dactylographiées, lui valurent une réputation d'héroïsme, et par là même remirent en honneur le drapeau politique qu'il défendait.

D'abord contre l'Allemagne, et puis contre l'activisme dont il accabla les chefs quand il sentit qu'il fallait à tout prix se désolidariser d'une thèse et d'une cause dont trop de prêtres avaient été jusque là les zélés apôtres, pour qu'on ne soit pas tenté de faire un dangereux rapprochement, il fit figure du vengeur et de l'accusateur public. Autour de lui les parlementaires et les personnalités politiques restés au pays vinrent se serrer étroitement et il réussit de la sorte, selon son plan, à sauver une cause doublement et gravement compromise. —

Certes, le cardinal Mercier mit, après l'armistice, une insistance déplorable à vouloir continuer le même jeu. Il multiplia ses visites, ses discours et ses parades, au risque de se faire à soi-même et à son action de guerre le plus grand tort : car le peuple, revenu à une plus saine appréciation des choses, ne tarda point à le tourner en dérision. Puis son voyage en Amérique, où il fit plusieurs harangues violemment réactionnaires et nettement politiques, fut mauvais aussi pour son prestige. Mais néanmoins le service rendu par lui au parti clérical resta si évident que les statues et autres « accidents de la gloire temporelle » dont on a voulu l'accabler ne semblèrent à personne immérités.

Ce parti lui doit de vivre et de rester encore, malgré les élections, le plus nombreux numériquement de la Chambre. Qu'il n'ait pas su en tirer profit et avantage, voilà qui releva d'autres causes et ne peut pas être imputable à ses leaders improvisés de l'occupation.

J'ai dit tantôt et j'y ai insisté longuement, que la Droite parlementaire est fractionnée. La conséquence en fut, bien entendu,
l'affaiblissement de son influence morale, affaiblissement bien plus
considérable que ne le justifiait la perte de la majorité.

En réalité, depuis l'armistice, c'est-à-dire même pendant l'an-
née entière où les cléricaux furent encore les plus nombreux à la
Chambre, il ne présentèrent pas un programme positif et ne défen-
daient pas des vues claires et constructives. Ils se cantonnèrent dans
un rôle tout à fait secondaire d'opposition, voire d'obstruction et
leurs rares initiatives furent d'une triste et mesquine envergure.

L'unité de commandement qui leur manque, permet seule, surtout quand un parti a perdu la majorité absolue, de suivre un plan.
Ils en ont fait, à leurs dépens, la démonstration.

En fait, la première division qui surgit chez eux, — et elle se
présenta de la même façon dans les groupements de gauche — par-
tagea leur parti en partisans et adversaires de la collaboration mini-
stérielle. Depuis l'armistice la droite n'a plus fait bloc, parce qu'au
moment de voter contre un gouvernement qui pose la question de
confiance d'une façon à peu près permanente, un certain nombre de
ses membres se séparent d'elle et accordent leur voix à leurs collègues « d'union sacrée ».

Mais ce qui creuse, au milieu des cléricaux, un fossé beaucoup
plus profond, c'est la question flamande. Un tiers environ du contingent actuel des députés catholiques a formé, sous la conduite de
MM. Van Cauwelaert, Van de Perre et (jusqu'à un certain point)
Helleputte, une phalange de « démocrates » dont le programme est,

en quelques points, plus démagogique que celui des socialistes. Représentés dans le cabinet par MM. Poullet et Wouters d'Oplinter,
ces démocrates sont soupçonnés de rechercher une alliance envers les
socialistes flamands de M. Camille Huysmans pour faire un ministère
de « réalisations flamandes ». Il est évidemment impossible de se rendre compte jusqu'à quel point ces bruits sont fondés, mais il est
certain que les organes de cette fraction catholique dans la presse,
— les *Vlaamsche Nieuws* de M. Van Cauwelaert, par exemple —
n'auraient pas à changer leur langage si cette éventualité se réa-
lisait.

Les démocrates se séparent de leurs confrères de droite par
l'intransigeance de leur antimilitarisme, leurs revendications linguistiques, leur opposition à l'alliance franco-belge et certaines conceptions
fiscales et sociales. En tout autre pays, partout ailleurs où les cadres
traditionnels des partis seraient moins rigides, moins sévères, les démocrates auraient déjà quitté un parti, dont tant de sentiments et
d'opinions les séparent.

L'ensemble de la droite cependant n'est pas hostile à la cause
flamande. La majorité des électeurs catholiques sont des provinces
flamandes et c'est là un argument auquel personne n'est insensible.
Mais une partie importante de ses membres, suivant un chef comme
M. Renkin, affichent sur l'ensemble du programme catholique des
opinions plus arrêtées et plus rétrogrades que les démocrates. Ils restent fidèles à leur passé de réaction.

Un seul point a trouvé les deux fractions — les trois fractions
en y comprenant la Vieille Droite — unies. C'est le problème du
vote féminin.

Avant la guerre, le suffrage féminin était réclamé par les socialistes et les cléricaux se refusaient avec passion à l'accorder. Après leur défaite, ils ont compris que seul le suffrage des femmes pouvait, dans un pays aussi religieux que la Belgique leur rendre le pouvoir, et les rôles sont intervertis. Tandis que les socialistes trouvent, soudain, que l'éducation des femmes belges est encore trop sommaire, au point de vue politique, pour permettre l'expérience des urnes, les catholiques crient à la persécution et à l'obscurantisme et se découvrent des âmes de féministes convaincus.

De tels spectacles, s'ils n'étaient pas révélateurs d'une écœurante mentalité, seraient fort divertissants pour le spectateur anonyme. Car l'acharnement apporté, de part et d'autre, dans les revendications, témoigne de l'importance souveraine qu'attribuent tous les partis au gain ou au maintien de quelques sièges.

Par mesure transactionnelle, le vote des femmes a été admis pour les élections communales (municipales). Il a été refusé pour la Chambre et le Sénat, après qu'on ait vu se reformer, pour quelques heures, une coalition de presque toutes les droites. (Je dis « presque », parce que certains députés, comme M. Levie, ne séparèrent pas leur sort de celui des ministres catholiques, qui eux étaient, par métier et peut-être aussi par conviction, pour l'apaisement).

Il est d'ailleurs probable que, s'ils l'obtiennent un jour, le vote des femmes répondra à l'espoir des cléricaux.

**

Je me résume.

La droite s'est fractionnée en divers tronçons, dont le plus indiscipliné et le plus vivant, est celui des démocrates flamands.

Elle tient, depuis l'armistice, un rôle purement négatif et donne l'exemple de l'incohérence à un parlement qui a élevé celle-ci à la hauteur d'un dogme.

Sans avoir renié ses vieux principes et sa vieille doctrine, elle est impuissante à s'organiser pour les défendre encore avec énergie.

V.

Le parti socialiste.

On ne peut pas résumer ainsi l'attitude et le sort du parti socialiste.

Tandis que son influence, en effet, devenait beaucoup plus considérable qu'avant la guerre, plusieurs de ses parlementaires ayant pris place dans le ministère d'union sacrée et les élections de novembre ayant presque doublé l'effectif de ses députés (68 au lieu de 40), sa vieille intransigeance disparaissait et le « socialisme d'état », « le social-patriotisme » infectait son action.

Je ne veux pas prendre parti, dans cette courte étude d'ensemble, au point de vue doctrinal et justifier ou attaquer les mesures prises par les leaders socialistes quant à la politique intérieure. On sait que, dans le désir immodéré de garder leurs portefeuilles, ces leaders socialistes n'hésitèrent pas à être les auteurs de projets qui répugnent aux vieilles conceptions et au vieux programme du parti, comme l'augmentation des traitements ecclésiastiques et la suppression du droit de grève aux fonctionnaires. La seule chose que je veux relever contre le socialisme belge, c'est son attitude impérialiste, c'est son manque d'internationalisme et les manifestations qu'il tolère, de la part de certains de ses membres les plus en vue, pour une politique militariste.

Mais il faut d'abord se rendre compte, par comparaison avec

les partis socialistes des autres pays, de l'esprit qui anime réellement les députés belges de l'extrême gauche.

Partout ailleurs, le socialisme s'est scindé en trois tendances. A droite, les « majoritaires », socialistes de compromissions, de collaboration et de guerre, et qui ont, sans aucun doute, renié leurs anciennes convictions et trahi ceux qui avaient mis en eux leur confiance. Au centre, ce qu'on appelle, en France, les « reconstructeurs » : socialistes dont certains n'ont pas eu, pendant la guerre, une attitude très franche mais qui sont revenus avec netteté au vieux programme de la lutte des classes, et de l'intransigeance. Au nationalisme de la droite, ils opposent l'internationalisme intégral et fervent des grands apôtres du socialisme. On les appelle « reconstructeurs », parce qu'ils ont rompu avec la Deuxième Internationale, et qu'ils veulent reconstruire avec Moscou et en s'entendant avec les bolcheviks, une Internationale nouvelle. A gauche, les « communistes » défendent le programme et les tendances de la IIIe Internationale, celle· des révolutionnaires russes, et s'appuient sur la dictature du prolétariat.

En Belgique, tout le parti appartient à la tendance droite, impuissante et numériquement infime dans les autres pays. Les leaders belges, Vandervelde, Camille Huysmans, qui étaient à la tête de la IIe Internationale, symbolisent même aux yeux des étrangers, le social-patriotisme et la trahison. Dès lors, on frémit quand on songe que ces hommes, déclarés par tous les socialistes traîtres au grand et saint principe de l'internationalisme, sont largement débordés, au sein du parti belge, et font figure de révolutionnaires en face de certains de leurs camarades. La fraction qui suit MM. Jules Destrée, Hubin et

Louis Piérard, c'est-à-dire la presque totalité des socialistes wallons, devrait d'ailleurs, dans un parlement bien équilibré et dans une atmosphère politique normale, siéger à l'extrême droite et n'avoir aucun point de contact avec les organismes socialistes. Les partisans les plus décidés de la conciliation ne peuvent pas admettre l'idée de collaborer avec des politiciens dont toute la conduite est anti-socialiste et dont tous les efforts sont une injure à la doctrine de liberté et d'égalité.

La presque totalité du P. O. B. (Parti Ouvrier Belge) appartient donc aux conceptions dites « majoritaires », c'est-à-dire anti-internationalistes et anti-révolutionnaires, avec un prolongement paradoxal vers le nationalisme intégral.

Une petite fraction, comprenant pour la majeure partie les fédérations bruxelloise et anversoise, forme autour de Joseph Jacquemotte une opposition à la politique des leaders actuels et des ministres. Contre la collaboration et contre la Deuxième Internationale, cette minorité s'apparente aux « reconstructeurs » étrangers. Le fait d'être plus fermement socialiste que la majorité du parti, vaut d'ailleurs à Jacquemotte et à ses compagnons la haine de tout le pays et les membres de l'autre tendance ne se font pas faute de témoigner, même à la tribune de la Chambre, l'hostilité et le mépris qu'ils nourrissent à leur endroit. Il faut remarquer, en outre, que cette fraction d'opposants n'est représentée à la Chambre par aucun député : les tendances « minoritaires » socialistes n'ont aucun porte-parole au Parlement. Ceci expliquera aux étrangers certains votes honteux et certaines déclarations odieuses, comme celui et celle qui marquèrent la discussion du Traité de Versailles.

Quant aux communistes, ils sont sortis du P. O. B. et forment un petit groupement, assez actif mais tout à fait impuissant, et qui se compose surtout d' éléments de la jeunesse flamande.

La presse socialiste est le fidèle miroir de cette situation. L' organe officiel du P. O. B. *Le Peuple* et les journaux de provinces publient des articles que les feuilles les plus nationalistes ne refuseraient pas et mènent contre tous ceux qui, en Belgique ou à l' étranger, militent en faveur de l' Internationalisme, une campagne de calomnies. Joseph Jacquemotte défend ses idées dans un hebdomadaire, *L' Exploité,* d' un format et, partant d' un rayonnement assez étriqués. Un bi-mensuel, *L' Ouvrier communiste,* est l' organe des éléments ralliés aux doctrines bolchévistes, et *De Internationale* celui des jeunesses flamandes.

*
* *

Il y a lieu de remarquer, cependant, que les masses prolétariennes belges sont beaucoup plus fidèles aux vieilles conceptions socialistes que les leaders qui les représentent à la Chambre et que, soutenues, éduquées et guidées, elles ne renieraient pas leur glorieux passé. Il s' agit réellement d' une trahison de l' état-major.

Elle est facilitée grandement par ce défaut de la loi électorale, dont j' ai déjà parlé dans un chapitre précédent, et qui institue très réellement l' élection à deux degrés.

On vote au scrutin de liste. Chaque parti présente une série de candidats, qui sont élus dans l' ordre où la liste est présentée par l' association politique locale. La Représentation Proportionnelle réserve à chaque liste autant de sièges que le parti a atteint de fois le quotient électoral.

On comprend, dès lors, que l'importance la plus considérable, dans ce système défectueux, est réservée à ceux qui, au sein de la fédération locale, dressent la liste des candidats et leur assignent l'ordre de présentation. Ces quelques électeurs du poll (c'est-à-dire de l'élection-restreinte à un très petit nombre de votants — où l'ordre est établi) sont les vrais maîtres de la situation politique.

En effet, au jour de l'élection officielle, chaque citoyen, en donnant sa voix à un parti, assure l'élection de celui ou de ceux qui ont été placés en tête par les quelques dizaines ou les quelques centaines d'hommes de confiance de la Fédération. Tout nom biffé rend le bulletin nul. Et le système des votes de confiance inventé pour pallier est toujours demeuré impuissant à assurer, comme il l'eut fallu, la liberté de l'électeur.

Dès lors, il suffit au candidat taré d'avoir quelques amis, quelques « clients » dans les délégués du premier tour, pour être assuré d'une bonne place sur la liste, et alors tous ceux qui votent pour les socialistes, votent fatalement pour lui.

Ainsi, M. Destrée s'assura dans son fief de Charleroi, la première place, et il fut élu. Ainsi M. Louis Piérard et quelques autres réussirent-ils à s'emparer d'un siège socialiste, alors que leurs opinions et leurs efforts sont nettement anti-socialistes.

C'est une escroquerie, mais elle est sinon patronée, du moins, tolérée par la loi et elle est devenue normale.

Cependant, un exemple est venu démontrer aux nationalistes rangés et à leurs admirateurs, qu'ils étaient les élus d'un stratagème, mais que le peuple le reniait. L'un d'entre eux, en effet, le Dr Terwagne avait joué, pendant la guerre, en Hollande, un rôle odieux de dénonciateur et d'espion. Rentré au pays, il affecta au Parlement, où il représentait depuis des années la Fédération anversoise, de couvrir d'injures les internationalistes et il s'allia au groupe Destrée-Hubin. Mais les socialistes anversois veillaient et ils l'écartèrent au poll en faveur de Camille Huysmans et de certains de ses camarades dont le programme les rassurait davantage au point de vue des revendications flamandes. M. Terwagne, soutenu par ses anciens complices de la Chambre, présenta alors une liste dissidente socialiste contre celle de la Fédération, et nul ne fut, je crois, plus étonné que lui quand les électeurs d'Anvers lui donnèrent quelques dizaines de voix et soixante dix mille aux candidats officiels du P. O. B. Ce résultat prouve, en toute évidence, que si les rénégats socialistes n'avaient pas réussi, grâce à leurs amis, à figurer sur les listes du Parti, le 16 novembre eut vu leur écrasement général.

Les masses donc sont meilleures, sont plus décidées que les chefs, et leur Internationalisme est plus sévère. Malgré toutes les excitations, dont on les accable, malgré l'offensive sentimentale et l'atmosphère de défaillance dans laquelle fut plongé la Belgique à l'armistice, elles auraient pu jouer le rôle que la géographie et la tradition leur assignaient, de trait d'union, de truchement entre l'Europe centrale et l'Europe occidentale, si on les avait instruites et si on les avait arrachées à l'influence débilitante des fêtes patriotiques. Mais les leaders qui revenaient d'un long exil où les habitudes du pouvoir leur avaient donné une mentalité d'autocrates, tout en les contraignant à une certaine surenchère nationaliste, semblaient concevoir l'action internationaliste comme un crime et ils mirent à l'éviter autant d'énergie qu'ils avaient mis, pendant la guerre, à là combattre.

*
* *

La politique du P. O. B. se résume aujourd'hui en deux hommes, Emile Vandervelde et Jules Destrée.

Certes, plusieurs autres mandataires jouent un rôle important. Anseele et Wauters font également partie du ministère et ils ont, eux aussi, foulé aux pieds, leurs principes et leurs convictions d'autrefois. Louis de Brouckère déshonore consciencieusement un nom qu'il avait consciencieusement fait respecter par tous les socialistes. Hubin gesticule et aboie pour obtenir l'approbation de ses adversaires. Joseph Jacquemotte lutte, avec plus de courage que de lucidité et une énergie qu'il faut admirer : mais il ne peut rien contre un ennemi dont le nombre l'écrase.

Vandervelde et Destrée, au contraire, font figure de chefs. Oublions la division que je faisais tantôt du P. O. B. pour le comparer aux tendances des partis voisins ; — et le considérant, à part, et en lui-même, disons que Destrée dirige l'importante droite et Vandervelde le centre de notre socialisme.

Je faisais remarquer plus haut que les partisans des Destrée et des Hubin se recrutaient principalement parmi les wallons. Les tendances plus radicales sont l'apanage des flamands. On se souvient que le même spectacle se présente dans le Parti catholique où le groupe des démocrates se recrute uniquement parmi les défenseurs des doctrines « flamingantes ». Ce sont ces mêmes hommes et ces mêmes leaders qui ont apporté un appoint « socialiste » au *Comité de Politique Nationale* et qui s'acharnent aujourd'hui à réclamer l'alliance franco-belge.

Destrée devenu ministre grâce à la victoire du 16 novembre, a donné aussitôt à la Droite et à la Gauche libérale, des garanties de « modération ».

J'ai dit qu'il soutint Vandervelde dans l'augmentation des traitements ecclésiastiques. Il agit de même pour sa part, vis-à-vis des instituteurs et professeurs de l'Enseignement Libre. Bien que les cléricaux aient été au pouvoir pendant trente années, l'enseignement officiel faisait figure en Belgique d'enseignement anti-catholique. En face de lui, les évêques, les Jesuites et une grande quantité de congrégations françaises expulsées ont monté un vaste édifice réactionnaire et confessionnel qui a toujours eu naturellement les faveurs des politiciens et des ministres catholiques. Ceux-ci réussirent peu à peu à détourner, au profit de ces instituts libres où l'enseignement est donné d'une façon qui est au moins suspecte, une grande partie des subsides scolaires officiels et ils ont financièrement ruiné l'enseignement officiel au profit de son concurrent. Ce fut l'origine et la cause de la guerre scolaire qui mit aux prises, pendant trente années et avec un acharnement inouï, le bloc anticlérical et les ministres cléricaux.

Or, aujourd'hui que pour la première fois un « socialiste » détient le portefeuille du ministère auquel ressortit l'instruction publique, il s'empresse de continuer la politique de ses prédécesseurs de droite et il réclame l'augmentation des traitements des instituteurs libres, c'est-à-dire l'augmentation des crédits.

Il ne s'en tint pas là. Il profita de l'occasion pour dénier aux instituteurs et aux fonctionnaires en général le droit de grève et il affirma l'intention de sévir avec la dernière rigueur contre ceux qui le revendiqueraient.

Puis, poussant plus loin encore, il écrivit un article où il prétendait que la grève était un fait, mais n'était pas un droit.

On comprend la popularité dont jouit ce ministre « socialiste » dans les milieux bourgeois ; comme, d'autre part, il affiche des sentiments loyalistes prononcés, se fait décorer par les souverains étrangers et porte la croix de guerre reçue sur le front des troupes — très longtemps après l'armistice d'ailleurs — pour avoir travaillé à entraîner dans une guerre de conquête et d'impérialisme la nation italienne, on peut dire sans craindre de se tromper, que peu d'hommes jouissent, au milieu de l'hystérie nationaliste belge, d'une plus solide popularité parmi les officiers, les prêtres et les annexionnistes de tout genre.

Seule son opposition irréductible aux revendications flamandes les plus équitables et les plus modérées, menace de la réduire quelque peu.

Il n'en est pas de même pour Vandervelde qui a eu l'habileté de trahir la cause internationaliste sans s'assurer la bienveillance des partis bourgeois.

Emile Vandervelde a toujours fait figure, d'ailleurs, de remarquable équilibriste politique et ce talent a pris, durant ces dernières années, un prodigieux développement. Je rappellerai seulement à l'appui de cette appréciation, l'habileté avec laquelle Vandervelde réussissait, en 1919, à signer le traité de Versailles, après en avoir discuté la teneur à Paris, comme délégué officiel de la Belgique — et à critiquer le dit traité au Congrès de l'Internationale à Genève.

Vandervelde base toute son activité personnelle sur des manifestations du même genre. Ministre de la Justice, et par conséquent responsable des iniquités commises pendant ces derniers mois par une foule de tribunaux et de jurys, responsable aussi d'une foule de poursuites odieuses et arbitraires, il n'hésite pas à discréditer l'appareil judiciaire en pleine Chambre. Il a soin de ne pas se compromettre personnellement avec les grands traîtres français du socialisme : tandis que Destrée recevait, congratulait et couronnait Hervé, il avait soin de rester à l'écart, dans une jalouse retraite ; mais il avait soin, avec la même rigueur, de ne pas désavouer ceux qui avaient manifesté de la sorte, en l'honneur du directeur de la *Victoire*, et de ne pas soutenir les socialistes minoritaires qui avaient dénoncé cette fraternisation scandaleuse à l'attention de leurs camarades étrangers.

Il parle à Liége dans un grand banquet d'avocats, de la réconciliation nécessaire et de la lutte commune. Mais comme ministre de la Justice, il a soin de ne pas tolérer le retour des Allemands en Belgique, ne cherche pas à modifier l'infâme réglementation des séquestres, à éviter le « cambriolage d'Etat » qu'elle constitue et encourage des manifestations ridicules et déshonorantes contre la présence d'anciens « ennemis » à Anvers.

Il va à Genève pour reprendre les relations avec les majoritaires allemands. Mais il a soin de reprendre la vieille thèse impérialiste des responsabilités unilatérales afin de se couvrir vis-à-vis de l'opinion publique.

M. Vandervelde est l'homme qui peut le mieux assembler les

extrêmes et marier les choses, les hommes et les attitudes inconciliables. On cite de lui — et il ne les dément pas — des mots très
durs et très méprisants à l'égard de M. Louis Piérard. Mais il a
soin de ne point l'exclure du parti, et il s'appui sur lui à la
Chambre. De même, au point de vue flamand, il ne s'est jamais
prononcé contre les revendications que soutiennent certains de ses
camarades, pas même contre les plus folles et les plus inadmissibles
d'entre elles. Mais il n'a jamais pris rang parmi les protestataires.

Ici, d'ailleurs, il use de son ami Camille Huysmans qui, mora-
lement, lui ressemble comme un frère. La question flamande est trop
importante pour qu'une attitude négative puisse satisfaire les partis
en présence. Aussi se sert-il de l'intransigeance de Huysmans, chef
de la fraction flamingante de l'extrême gauche, pour donner des ga-
ges à ceux qui, dans tous les partis et spécialement à droite, affichent
les mêmes revendications. Mais, d'autre part, il parle volontiers de
son bon-sens et il entend laisser ses confrères wallons dans l'incer-
titude et dans une relative confiance.

Certes, il escompte faire jouer l'unité, la sacro-sainte unité, du
P. O. B. pour faire soutenir ou du moins faire tolérer par toutes les
forces parlementaires socialistes, le programme, peut-être légèrement
édulcoré, des « flamingants ». Il espère rallier par sa bonne volonté
à faire triompher la cause flamande, la droite « démocrate » à l'ensemble du P. O. B. dont quelques éléments marcheraient peut-être
à contre-coeur, mais marcheraient quand même (il les apaiserait par
quelque autre moyen) et trouver ainsi une majorité suffisante pour
établir un cabinet Vandervelde.

C'est le secret de ses combinaisons et de ses jongleries. C'est celui, aussi, de sa fermeté en ce qui concerne Jacquemotte et la gauche du Parti (il ne doit pas les ménager puisqu' ils n' ont pas de siège au Parlement) et en ce qui concerne le maintien de la II⁰ Internationale. Il doit éviter toute compromission avec les bolchevistes ou ceux qui sont dénommés tels. Il doit rester dans son rôle de « modéré ».

Entre Vandervelde et Destrée, un duel est inévitable. Pour ma part la défaite du second est certaine, et il sera rejeté, par un Vandervelde triomphant d'avoir écumé son parti (!), vers une droite heureuse de l'accueillir dans son sein.

Je ne crois pas que le jour soit proche où l'équilibriste tombera de la corde tendue.

VI.

Le parti libéral.

Dans la confusion des programmes et des attitudes, le parti libéral a perdu à la fois sa tradition et son importance. Il combine, de la sorte, le mauvais sort de ses deux rivaux et sa vieillesse, qui aurait pu être digne et représenter la persistance d'une idée, est tout-à-fait dépourvue d'éclat.

Au début de l'Indépendance Nationale et pendant le premier demi-siècle de la vie d'une Belgique maîtresse de ses destinées, le parti libéral fut réellement quelque chose de digne et de grand. Il symbolisa réellement, avant l'éclosion du socialisme et avant son entrée au Parlement, le parti de la liberté et du progrès. Il s'efforça de mettre en valeur et de faire respecter les droits de l'homme et du citoyen en matière d'enseignement, de vote et d'opinions, et il s'attacha le plus qu'il pût à garder la constitution de toutes les embûches et de toutes les restrictions que la bourgeoisie cléricale et réactionnaire voulaient lui imposer.

Parti bourgeois, lui aussi, il groupait les esprits indépendants et compréhensifs, et il fut plus démocratique, dans beaucoup de ses campagnes, que certains historiens essaient de le faire croire aujourd'hui. Il se rapprochait assez intimement à cette époque du Parti Libéral anglais, et pendant les courtes périodes où il posséda le pouvoir, il introduisit des réformes intelligentes. Certains de ses leaders, Frère-

Orban, Graux, Paul Janson, dominèrent la politique de leur pays, et opposèrent une lucidité et un talent considérables à ceux de leurs adversaires catholiques de la grande génération.

Le Parti libéral se prit à vieillir quand le socialisme se forma et vint lui enlever ses recrues les plus actives. Les démocrates modérés qui le dirigeaient virent avec méfiance se constituer à leurs côtés un parti plus radical et peu à peu ils en vinrent à s'épouvanter quand ce parti nouveau remporta des victoires et affirma sa puissance. Le vieil instinct de classe réapparut et les bourgeois libéraux évoluèrent vers leurs ennemis de la veille, pour résister aux exigences prolétariennes.

Cependant un grand fossé les séparait de la droite et continua d'exister : la question religieuse. Libre-penseurs et franc-maçons ne purent pas coordonner une action durable ou énergique avec les réactionnaires cléricaux qui poussaient en avant avec insistance leurs préoccupations confessionnelles. Certaines questions qui n'étaient pas liquidées et que la Droite, maîtresse du pouvoir, allait au contraire reviser peu à peu en sa faveur, comme la question scolaire dont j'ai déjà parlé, envenimèrent les relations spontanées et peut-être inconscientes, des deux bourgeoisies, et le désaccord religieux persista jusqu'à n'être plus que le seul, mais tenace, brandon de discorde, entre elles.

Mais, au sein même du parti libéral, une scission s'opérait. La haine des classes n'animait pas également ceux qu'une longue éducation et de nombreux exemples portaient vers la compréhension et l'évolution. Une partie de la gauche libérale repoussa avec moins d'intransigeance que l'autre les propositions et les tentatives socialistes, et il y eut désormais les « radicaux » et les « doctrinaires » qui siégèrent côte à côte, mais sans une grande cohésion. Car le caractère de cette scission fut d'être plus profonde qu'apparente — bien que ceci puisse sembler paradoxal. L'étiquette « libérale », en effet, demeura attachée aux deux tendances et sauf dans certains centres, comme à Bruxelles, où deux fédérations rivales se divisèrent les partisans, les candidats continuèrent à voisiner sur une même liste et dans les mêmes cadres.

Les radicaux ou progressistes défendirent des propositions assez hardies et ils représentèrent en Belgique les forces bourgeoises qui, dans tous les pays d'Europe, se mirent à la fin du siècle dernier, au service d'une vraie démocratie, et cherchèrent à atténuer le choc entre le socialisme et les anciennes organisations. Bien entendu, ces radicaux belges, comme les radicaux étrangers, n'agirent pas de la sorte par pur désintéressement, mais plutôt en vertu d'un principe de sauvegarde. Ils espérèrent, par la conciliation et la collaboration, pouvoir diriger l'offensive prolétarienne. Quoiqu'il en soit, ils facilitèrent son développement.

Les « doctrinaires » ne se distinguaient des droitiers réactionnaires que par leur anticléricalisme religieux.

Il y eut pendant longtemps, un équilibre assez stable entre les deux tendances. Puis un système de balance fit osciller le parti et sa représentation parlementaire entre l'extrême gauche et la droite. Les plus modérés résistaient avec la droite à l'instauration du suffrage universel pur et simple et ils n'avaient aucune difficulté à entraîner la plupart des radicaux avec eux quand les socialistes suscitaient des mouvements de rues, des tentatives d'action directe et de pression révolutionnaire. Par contre, les radicaux entraînaient les doctrinaires quand la droite cherchait à imposer une nouvelle limitation à la liberté du père de famille ou à s'assurer un nouvel avantage financier.

Mais comme il arrive le plus souvent quand un mouvement d'oscillation se prolonge, la masse mobile allonge son balancement à gauche et puis à droite. Poussés par le désir de remporter un succès décisif sur les catholiques et de mettre un terme à leur domination, dont ils cherchaient à abuser, les libéraux s'allièrent aux socialistes sur un programme négatif d'anticléricalisme. Ils voyaient dans ce « cartel » un moyen inoffensif de se délivrer de leurs adversaires, — un moyen plus inoffensif certainement que l'adoption du suffrage universel pur et simple et l'abolition du vote plural que réclamaient les socialistes. (Le vote plural était favorable surtout au parti libéral qui recrutait ses adhérents dans les populations urbaines et dans les classes bourgeoises, tandis que les catholiques s'appuyaient sur les masses agricoles et les socialistes sur les masses ouvrières. On peut dire que presque tous les électeurs libéraux avaient trois voix).

Après un assez gros succès aux élections communales où le système en vigueur est encore celui de la majorité absolue, le cartel libéralo-socialiste subit aux élections législatives une grave défaite. La cause la plus probable de celle-ci fut la défection des électeurs libéraux doctrinaires qui n'avaient pas les mêmes raisons d'électoralisme que leurs chefs pour s'allier aux socialistes et dont la répugnance fut insurmontable. Beaucoup d'entre eux déposèrent des bulletins blancs dans les urnes (le vote, en Belgique, est obligatoire) et beaucoup d'autres préférèrent, par conservation sociale, donner leur voix aux catholiques.

Cette défaite exaspéra les libéraux qui n' avaient conclu le cartel que par discipline de parti et contre leur gré, et renforça les doctrinaires. Pendant les derniers mois de l' avant-guerre, seules quelques offensives cléricales intempestives tinrent éloignées l' une de l' autre les deux bourgeoisies. Et malgré elles de nombreuses personnalités politiques et de nombreux journaux préconisaient déjà et prophétisaient « l' union des deux centres » pour gouverner contre les éléments de la Vieille Droite et contre les socialistes.

Survint la guerre. On sait que le parti libéral s' offrit aussi un des grands « héros » civils en la personne du bourgmestre de Bruxelles, M. Adolphe Max, — dont les mérites, d' ailleurs, sont moins contestables que ceux du cardinal Mercier et de M. Destrée, puisqu' il les appuya sur plusieurs années de détention.

En France, le Roi ayant formé un gouvernement d' union, plusieurs libéraux y prirent place et parmi eux M. Paul Hymans, leader du parti, se spécialisa bientôt dans les questions de politique étrangère.

J' ai étudié plus haut la politique étrangère de la Belgique et j' ai dit qu' elle mécontenta tout le monde. Le parti libéral subit le contre-coup de cette mauvaise humeur.

Quand il se reforma, après la guerre, il se découvrit, d' ailleurs, plus près de la droite qu' auparavant et très préoccupé de se défendre contre le socialisme, qu' il trouvait dangereux, dans les autres pays, mais dont il redoutait une transformation en Belgique.

Les élections du 16 novembre 1919, faites au suffrage universel pur et simple avec suppression du vote plural, fut pour lui une défaite considérable. Son contingent parlementaire fut réduit de moitié ou à peu près et ses membres, en conçurent un vif dépit.

Par là, l'excès vers la réaction s'accentua encore, et il fut bientôt possible d'affirmer que le parti libéral était devenu, en matière sociale, plus réactionnaire que la plupart des membres de la droite et s'apparentant aux conceptions des plus farouches partisans de M. Woeste.

Certes, la question religieuse continue de créer une hostilité latente entre les libéraux et leurs collègues, et, dans certains cas, ce conflit revêt une telle acuité qu'il est probable qu'aucun « cartel » ne sera possible entre eux. Puis l'opposition intransigeante de la gauche libérale au projet de vote féminin proposé par les cléricaux, opposition qui n'a d'autre cause que la certitude d'une nouvelle défaite, si jamais les femmes allaient aux urnes, a envenimé encore le conflit. C'est pourquoi les démocrates catholiques rejoignent les socialistes au-dessus des libéraux et c'est pourquoi aussi la combinaison de M. Vandervelde semble réalisable.

Les radicaux et les doctrinaires ont « reconstitué » l'unité intime sur une plate-forme de « défense bourgeoise », c'est-à-dire de résistance capitaliste. Et leurs principaux orateurs — comme MM. Van Hoegaerden et Strauss, par exemple — se distinguent par leurs violences anti-socialistes.

Aux seuls yeux de ces messieurs, les leaders socialistes belges sont des hommes dangereux et imbus d'idée révolutionnaires. Du moins, ils affectent de le proclamer.

Et ils luttent violemment contre tout ce qui semble susceptible de renforcer l'action morale de ce qu'ils nomment avec emphase. le « collectivisme ».

Réduits à une poignée, ils n'ont plus, d'ailleurs, qu'un programme négatif et qu'un vote d'opposition stérile.

Sur la question flamande, sauf une ou deux exceptions comme M. Louis Franck, ils sont unanimes à organiser la résistance.

Et dans l'affolement et l'incohérence de leurs furies réactionnaires, ils achèvent ainsi de tuer un parti, qui, jadis, avait été glorieux et respectable.

VII.

Les partis sauvages.

La tradition des trois partis est si solide en Belgique qu'aucun autre groupement n'a pu prendre, dans notre vie politique, une place définitive ni même durable.

Généralement on appartient au cléricalisme, au libéralisme ou au socialisme par discipline familiale et depuis sa naissance, j'ajouterai que le passage d'un parti à un autre, fréquent en Angleterre, serait considéré en Belgique comme un forfait si épouvantable qu'aucun exemple n'en existe dans notre passé parlementaire, — et qu'il y a même très peu de ces « conversions » dans le corps électoral.

Les partis belges sont un fardeau qui pèse sur chaque citoyen et qui paralyse beaucoup d'initiatives et d'efforts.

Dans chaque ville de province, les habitants sont divisés jusque dans leurs réjouissances et leurs distractions, selon leurs opinions politiques, plus impérieuses qu'une question d'origine ou de race. Il est courant qu'à Bruxelles même, on se renseigne sur le parti auquel un homme appartient plutôt que sur sa valeur personnelle ou son honorabilité.

J'ajouterai que pour quiconque veut se faire un nom dans la vie publique, il est indispensable de s'afficher dans un parti, afin de bénéficier de son organisation et des sympathies aveugles d'un tiers de la population. C'est ainsi que M. Destrée, jouant du « socialisme », garde sa place de député. C'est ainsi que les démocrates de la droite restent membres du parti catholique malgré les différences de programme qui les en séparent.

Je ne crois pas, en résumé, qu'aucun pays occidental soit aussi meurtri par ses cadres politiques que le nôtre. Et l'Union Sacrée dont se glorifie notre gouvernement, n'empêche pas ni n'atténue l'âpreté des luttes et des conflits.

Dans ces conditions, on comprend que les tentatives faites pour élargir le cercle traditionnel et y introduire de nouveaux membres, aient régulièrement échoué. On se remémore l'effort des « démocrates chrétiens » ; quelques prêtres avaient voulu créer, au sein de la droite, un groupement dont le programme était assez semblable à celui des socialistes mais s'appuyait, au point de vue religieux, sur l'Eglise catholique. L'abbé Daens siégea longtemps à la Chambre ; il y eut même un ou deux camarades pendant quelques années, mais l'anémie dont son parti souffrait depuis sa naissance, ne fit qu'empirer et le conduisit, après la mort de cet apôtre malheureux, à une ruine définitive.

L'effort des « Indépendants » ne fut pas plus heureux. Né du désir de créer un centre mobile, capable de se rallier à la droite ou à la gauche selon les projets discutés, ce parti des Indépendants fut, à ses débuts, assez bien accueilli dans les milieux urbains, et il put envoyer lui aussi plusieurs représentants au Parlement. Mais il était suspect à beaucoup d'électeurs par ses origines et ses tendances presque exclusivement cléricales, et il aggrava cette suspicion en négligeant d'affirmer avec netteté son indépendance réelle et en ne désavouant la Droite dans aucune de ses manifestations les plus mesquines.

Aussi ne tarda-t-il pas à perdre la majeure partie de ses sympathies, les électeurs libéraux refusant de soutenir une fraction catholique assez mal camouflée et les électeurs catholiques retournant à leur parti d'origine. Après la mort de ses principaux leaders, les débris des Indépendants achevèrent de s'allier aux clericaux. Ils le firent au moins avec une franchise qui ne laissa plus subsister la moindre équivoque.

Tout cela se passait avant la guerre.

Après celle-ci et aux élections de novembre 1919, on vit naître une série de listes dissidentes et une infinité d'intérêts et d'aspirations s'exprimer dans des manifestes électoraux. Dans le désarroi des consciences et des opinions, profitant aussi du désappointement provoqué au sein du corps électoral par la renaissance des vieilles querelles ou par l'abandon des vieux principes, ces partis sauvages réussirent à détourner des groupements traditionnels quelques dizaines de mille voix et ils obtinrent dans la Chambre nouvelle une dizaine de sièges au total, se répartissant sous quatre ou cinq rubriques différentes et rivales.

Jamais le Parlement belge n'avait compris autant de « sauvages », et leur présence, comme leur attitude, ne sont pas de nature à introduire de la lumière et de l'apaisement dans la situation troublée où se débat notre vie politique.

Le plus important de ces partis nouveaux est le « Frontpartij » (Parti du Front). Il a conquis cinq sièges d'emblée, mais semble prendre chaque jour davantage dans le pays flamand une importance plus considérable et s'appuyer fortement sur une organisation solide et active.

Le Frontpartij a repris le programme et l'action des « activistes » flamands et ils réclament la séparation administrative entre la Flandre et la Wallonie et l'autonomie complète de chacune d'entre elles. Socialement, il semble être assez avancé, et peut-être même plus démagogue que démocrate. Mais peut-être y a-t-il là simplement le résultat de nécessités tactiques actuelles. En tout cas, le Frontpartij semble résolu à restreindre au terrain flamand son activité et ses revendications, sa plate-forme toute entière, en un mot. Il a réussi sans nul doute à grouper sur ce programme régionaliste des hommes venus de tous les coins de l'horizon et l'appoint du clergé et plus spécialement du clergé rural n'a pas été la moindre cause de sa victoire électorale. Ce parti, d'après les discours de ses leaders et les articles de ses journaux, dont le principal est *Ons Vaderland*, semble avoir en grande admiration et même en exemple le parti Sein-Fein irlandais. En réalité, son programme réunit des revendications fort justes et dont la non acceptation constituerait une flagrante provocation de la part de ses adversaires, et des exigences qui me paraissent excessives et d'un caractère de représailles fort regrettable.

Violemment attaqué par la gauche libérale, par certains groupes socialistes wallons et par les nationalistes de tout genre, le Frontpartij est accusé d'être fait d'anti-patriotes à la solde de l'étranger. Ces accusations sont d'ailleurs du domaine de la plus pure fantaisie ou plutôt de la plus parfaite diffamation. Une véritable obstruction systématique dresse contre ses mandataires la majorité de la Chambre, et le gouvernement lui-même semble disposé à combattre le nouveau parti et son rayonnement dans le pays par les armes de la répression arbitraire et de l'illégalité. En résumé, parti d'exigences linguistiques basées sur l'autonomie, le « Frontpartij » parait devoir augmenter son influence et la force de sa représentation aux élections futures, et il semble être le seul élément nouveau de notre organisation parlementaire qui imposera son existence aux vieux partis. Sa popularité dans certains arrondissements est indiscutable.

Le Parti des Combattants a conquis deux sièges en novembre, mais il semble bien que ce succès sera aussi éphémère que le parti lui-même. Son programme est uniquement d'intérêts matériels et il sera résolu avec la liquidation financière de la guerre. Quand le système des primes sera fixé et celui des « récompenses » plus réalistes que les décorations dont les anciens soldats réclament l'établissement, les deux députés des Combattants n'auront plus rien à faire à la Chambre et il semble évident que, même si les fédérations s'obstinent à presenter une liste de candidats, les groupes de partisans se dissoudront rapidement et ils retourneront à leurs partis d'origine. Tandis que le Frontpartij défend des intérêts permanents, les Combattants représentent une concentration d'intérêts éphémères.

Un parti dit des classes moyennes a également enlevé un ou deux sièges. Mais nul ne sait sur quel programme ni dans quel but. Ses mandataires n'ont pris attitude dans aucune des questions, cependant importantes, posées au cours de la session actuelle, et eux aussi disparaîtront sans bruit à la faveur ou à l'occasion d'une élection prochaine.

Enfin, le seul représentant du *Comité de politique nationale*, réfugié dans une impénétrable indifférence et un abstentionnisme hermétique, attend sans doute que les quelques millions d'adhérents dont parlent les affiches de son parti, envoient à la Chambre pour le renforcer les importants bataillons de députés qui lui donneront la force de réaliser son programme d'assassinat.

*
* *

En résumé, parmi les partis sauvages, seul le Frontpartij doit être envisagé comme une unité sérieuse et durable. Sa plate-forme n'est pas sociale. Elle est essentiellement de politique intérieure, avec, cependant, une sympathie marquée pour la Hollande et une heureuse aversion de l'alliance française.

VIII.

La question hollandaise.

Les origines de ce problème autour duquel gravite depuis l'armistice la politique extérieure de la Belgique se trouvent au Congrès de Vienne, qui décida la formation d'un Royaume-Uni des Pays-Bas comprenant, selon la tradition et contre la réalité des esprits et des aspirations, les provinces du Nord dites Hollandaises, et les provinces du Sud, dites Belges, sous le sceptre du roi Guillaume I réinstallé sur son trône que Napoléon lui avait enlevé en faveur de son frère Louis.

On sait qu'en 1830, à la suite de plusieurs malentendus et de plusieurs fautes graves commises par le gouvernement de La Haye, Bruxelles se souleva, entraînant dans son sillage des villes de province. L'armée hollandaise fut vaincue en plusieurs rencontres, et l'Europe fut obligée d'accepter l'indépendance de la Belgique. Elle fit respecter par les armes ses décisions en expulsant la garnison hollandaise de la forteresse d'Anvers et en repoussant une invasion des provinces du Sud qu'entreprenait sur le tard (juillet 1831) l'armée des provinces du Nord.

Mais le Congrès de Londres ne parvint pas à faire accepter au roi Guillaume le traité qui, établissait d'une part la neutralité belge, mais lui assurait, d'autre part, la possession d'une partie du Luxembourg et le maintien à son pays d'une partie du Limbourg avec

Maestricht. A vrai dire, les deux régions n'avaient manifesté pour la Belgique qu'une sympathie fort mitigée et si le principe wilsonien de l'auto disposition avait déjà été connu et appliqué à cette époque, il est bien certain que l'une et l'autre auraient ratifié l'accord international.

Guillaume de Hollande ne cédant pas, la Belgique continua d'occuper le Luxembourg dont des députés vinrent siéger à la Chambre, et à réclamer le Limbourg. Une minorité, ici et là, affichait d'ailleurs des sentiments belgophiles et permettait à notre pays d'élever la voix en faveur du rattachement définitif des deux provinces à notre pays.

Enfin, en 1839, le roi des Pays-Bas se résignant à l'inévitable, accepta le traité qui devint dès lors exécutif. Les Luxembourgeois quittèrent la Chambre belge et ils s'en allèrent vers leurs compatriotes moins belgophiles qu'eux. Le Limbourg devint définitivement hollandais, sans protestation aucune de ses habitants.

Au courant du siècle dernier, le statut territorial ne fut jamais plus mis en discussion, le baron Lambermont discuta avec la Hollande la question de l'Escaut, obtint gain de cause et les relations entre les deux pays ne cessèrent plus d'être cordiales. Il est important de noter qu'aucune revendication ne fut élevée pendant trois quarts de siècle sur Maestricht ou sur Luxembourg. Le Grand Duché de Luxembourg avait, à la mort de Guillaume III, passé aux mains d'une branche collatérale de la famille d'Orange-Nassau, son statut respectant la loi salique abolie aux Pays-Bas. Occupé militairement par la Prusse jusqu'en 1867, le Grand Duché avait gardé la neutralité pendant la guerre de 1870-71; depuis, il était entré dans le Zollverein et ses chemins de fer étaient sous le contrôle allemand.

Survint la guerre et l'invasion de la Belgique. Une grande quantité de Belges, *sept cent mille environ*, prirent la fuite en Hollande au moment de la prise d'Anvers, et ils y reçurent l'accueil le plus chaleureux et le plus fraternel. Le peuple et le gouvernement des Pays-Bas rivalisèrent de dévouement pour venir en aide à une population dont certains éléments ne conservèrent pas, cependant, une attitude toute de correction et de dignité. Environ trente mille soldats de notre armée avaient dû se jeter en Hollande également. Ils y furent internés mais peu à peu ils obtinrent toutes sortes de facilités pour quitter les camps et aller au travail. Un grand nombre d'entre eux habitaient même chez les paysans, tandis que les villes universitaires accueillaient les jeunes intellectuels.

Mais une affreuse rancune se mit alors à travailler l'âme de quelques nationalistes exaltés : la rancune malsaine du pauvre contre le riche, de l'homme qui a subi un grand malheur vis-à-vis de l'homme qui en a été épargné. Ils donnèrent un corps à leur mauvaise humeur en accusant la Hollande de germanophilie. Evidemment, un certain nombre de ses habitants et surtout de ses commerçants trafiquèrent avec l'Allemagne, mais c'était leur droit de neutres et ceux qui reprochaient à leurs voisins du Nord de ne pas les aider de toutes sortes de façons, même au prix de leur neutralité, étaient mal venus de reprocher à quelques citoyens néerlandais de faire avec l'Allemagne le commerce dont ils auraient voulu bénéficier illégalement.

Quelques incidents, comme celui des entrepreneurs hollandais transportant à travers leur pays, en transit, du gravier allemand destiné au bétonnage des tranchées, surexcitèrent encore l'opinion de ces milieux nationalistes, qui ne pardonnaient pas au Gouvernement de La

Haye d'avoir interdit à l'Angleterre, conformément au droit international, de ravitailler Anvers en hommes et en munitions par l'Escaut.

Pendant les cinquante deux mois que dura l'occupation, la Hollande conserva cependant une neutralité sévère et ne traduisit pas en actes cette germanophilie qu'on dénonçait comme souveraine dans les milieux de la Cour et du ministère. L'aide hollandaise pour le revitaillement de la Belgique fut au contraire considérable et après l'entrée dans la lutte des Etats-Unis d'Amérique, elle fut même prépondérante.

Vint l'armistice et la retraite des troupes allemandes. Le gouvernement hollandais autorisa certaines unités de l'ancienne armée impériale à traverser, désarmés, la pointe du Limbourg hollandais enfoncée comme un coin entre la Rhénanie septentrionale et la Campine belge. C'était sans nul doute, se départir de sa neutralité, mais le fait que l'armistice était signé et que les troupes autorisées à traverser le territoire néerlandais étaient débandées et sans armes, expliquait, ou si l'on veut, excusait largement cette mesure d'humanité. Le gouvernement belge et ceux de ses alliés furent de cet avis et ils n'imputèrent pas à crime, aux Pays-Bas, cette manoeuvre qui trouvait d'ailleurs une explication juridique. Les troupes allemandes s'étaient présentées aux frontières, comme les Belges en 1914; elles furent désarmées et auraient été internées conformément aux règles du Droit des Gens, si la guerre n'avait pas été finie. Mais l'armistice étant conclu et à des conditions telles que la possibilité d'une reprise des hostilités était inexistante, la Hollande renvoyait dans leurs pays les internés qu'elle conservait depuis l'automne 1914; il était donc normal qu'elle renvoyât, désarmés en Allemagne, ceux qui s'étaient constitués prisonniers à son autre frontière.

Ce fut pour les nationalistes belges, un supplément de colère et quand ils s'assemblèrent dans le *Comité de politique nationale*, la première et la plus virulente de leurs revendications fut tournée contre la Hollande. L'Allemagne étant terrassée, ils s'occupèrent certes de piétiner son cadavre, mais ils firent un grand effort pour que notre armée soit tournée contre un peuple qui, pendant tant de mois, avait aidé nos populations envahies à vivre.

Le gouvernement, fort de l'opinion publique, brisa d'ailleurs énergiquement leurs prétentions impudentes et le statu quo fut, naturellement, maintenu.

C'est alors que nos impérialistes inventèrent le « cas » du Limbourg, auquel ils joignirent une revendication plus insoutenable encore sur la Flandre Zélandaise. Sous prétexte que l'Escaut est un fleuve belge pendant la plus grande partie de son cours, ils s'avisèrent d'affirmer que nous devions avoir la souveraineté sur son embouchure.

Juridiquement le problème ne se posait pas et le Gouvernement belge n'entreprit aucune négociation avec celui de La Haye, jusqu'au jour où la Conférence de Paris, ayant décidé d'abolir la neutralité belge, établie par ce traité de 1839 dont j'ai parlé plus haut, il fallut rechercher un nouveau statut politique et reviser cet accord essentiel.

Grand branle-bas dans les milieux du *Comité de politique nationale* et la campagne, cartes à l'appui, fut reprise pour demander la « désannexion » des provinces cédées.

Il est bient évident que la plus élémentaire justice ne pouvait admettre que la révision des traités de 1839 amenât un changement quelconque dans la situation territoriale. C'est ce que proclama le Conseil suprême, pour une fois bien inspiré, et ce dont, d'ailleurs, le Gouvernement belge se déclara satisfait. Nos délégués, en effet, n'avaient émis des prétentions excessives et odieuses que contre sa volonté, et parce que l'agitation des extrémistes sur la force desquels on s'illusionnait encore à Bruxelles, avait impressionné quelques cercles officiels.

Frustrée dans ses espoirs de conquêtes et d'annexions, la poignée d'impérialistes voulut organiser une agitation politique dans les provinces hollandaises qu'ils briguaient. Ils achetèrent quelques journaux locaux et quelques hommes de faible moralité et voulurent faire impression de la sorte sur l'opinion européenne. Sans que le gouvernement hollandais ait dû prendre contre de telles tentatives, les moindres mesures de coercition, l'effort des annexionnistes belges s'effondra de lui-même. Leurs complices furent réduits au silence par cette population même dont ils prétendaient représenter l'opinion et si un plébiscite avait été décidé le résultat aurait sans nul doute, été plus caractéristique encore que dans le Grand Duché de Luxembourg: c'est pourquoi, il est possible de regretter qu'il n'ait pas eu lieu, car le crédit du *Comité de politique nationale* aurait certaiment sombré tout entier dans cette seconde aventure.

L'arget fut dépensé en pure perte et l'opinion publique belge ratifia par son calme, le désir que proclamait le gouvernement belge de régler à l'amiable une question de minime importance, et que la tentative de quelques inconscients avait failli envenimer.

Les négociations furent, naturellement, rendues plus difficiles par l'attitude des quelques journaux belges où les doctrines du C. P. N. trouvent des défenseurs bénévoles. Les provocations de *la Nation Belge* et du *Soir*, pour ne citer que ceux-là, soulevèrent heureusement le mépris des cercles officiels hollandais et ne déterminèrent aucune brouille. Les délégués belges désavouèrent franchement les prétentions des cercles impérialistes et ils n'eurent aucune peine à rassurer leurs interlocuteurs sur la nature de leurs revendications.

Des longues conversations diplomatiques sortirent deux traités, l'un politique et l'autre économique, qui font le plus grand honneur aux plénipotentiaires belges qui les ont négociés. Le premier confirme à peu près le statu-quo, avec certaines améliorations de détail en faveur de la Belgique; il ne pouvait être différent, la question de la souveraineté hollandaise étant en cause et les furieuses campagnes du C. P. N. ayant contraint le gouvernement de La Haye à une intransigeance encore plus rigoureuse. Le loyalisme des populations revendiquées par nos extrémistes ayant été mis en lumière à cette occasion, d'une façon solennelle, il était impossible aux délégués d'admettre la moindre clause qui aurait pu leur être ou leur paraître défavorable.

Le traité économique, au contraire, est franchement favorable à la Belgique et montre le désir d'entente et la bonne volonté des deux parties. Ce traité, qui concerne entr'autres choses, le régime des canaux et du commerce de transit entre la Rhénanie et Anvers donne si parfaitement satisfaction à notre pays que les plus bruyants aboyeurs du nationalisme intégral ont dû le déclarer « acceptable ».

L'ensemble formé par les deux traités donne satisfaction aux aspirations légitimes de la Belgique sans violenter l'opinion hollandaise.

Le gouvernement belge a eu le courage de le défendre et d'en prendre la responsabilité devant celle de son pays, malgré les manœuvres déloyales aux quelles recouraient, pour l'influencer, les adversaires de la justice : publication de textes tronqués et de nouvelles fausses ou tendancieuses, excitations formelles contre le peuple hollandais et calomnies perfides ou grossières, répandues à son endroit par une certaine presse, excitation des *sentiments* germanophobes et grossissement exagéré des incidents infimes et quotidiens que deux pays voisins doivent solutionner continuellement sans que l'attention publique, le plus souvent, soit mise en éveil.

On peut dire que M. Paul Hymans a eu autant de mérites à imposer le fruit de ses négociations à ses collègues qu'à réaliser l'accord avec l'étranger. Car on se rend compte de ce que dut être l'attitude d'un Destrée en cette occurrence.

Malheureusement, au jour où il allait faire voter, malgré les extrémistes, la ratification du traité à la Chambre, le gouvernement hollandais, qui était en proie lui aussi aux attaques d'hypernationalistes et des « chiennes d'enfer », émettait une prétention inattendue, et dont l'injustice contrastait avec sa modération coutumière. L'Escaut est mis en communication avec la mer par quelques passes qui traversent des bancs de sable et les passes dites Wielingen, qui sont situées au large de Zeebrugge, dans les eaux territoriales belges. Cédant à une pression malheureuse, les plénipotentiaires néerlandais réclamèrent sur les Wielingen un droit de souveraineté. Ils s'appuyèrent, pour formuler ce desideratum nouveau, sur de lointaines clauses des traités de Westphalie, — clauses peu concluantes d'ailleurs, — et prétendirent faire de l'acceptation de cette souveraineté sur les passes, une condition générale de l'acceptation des traités.

Les négociateurs belges, qui ne pouvaient naturellement admettre ce droit pour une partie des eaux territoriales belges, et — ce qui plus est — une partie essentielle pour le trafic de Zeebrugge, le seul port de grandes dimensions que la Belgique possède sur sa côte de la mer du Nord, durent repousser sans compromis la demande de leurs collègues et les pourparlers se trouvèrent rompus ou, du moins, suspendus au moment d'aboutir.

Cet incident est plus regrettable encore par ses conséquences indirectes qu'en lui-même. En effet, les éléments de trouble du C. P. N. et de *la Nation Belge* en tirèrent argument pour reprendre avec rage contre la Hollande une campagne qu'ils allaient être obligés de terminer, et leur audace se renforça du nouvel espoir d'empêcher l'accord et de pouvoir ressusciter leurs revendications territoriales.

Les traités ne sont certes pas en danger. Mais la victoire morale de M. Hymans est compromise et tout ce qu'il avait réalisé pour contraindre à la pacification une opinion surexcitée par une poignée d'agitateurs, a été balayé par la colère et le désappointement.

Ceux-là même qui n'avaient jamais témoigné la moindre irritation contre la Hollande ne purent guère cacher de l'humeur devant l'échec inattendu, et devant l'indiscutable responsabilité du gouvernement néerlandais.

Certaines voix de bons sens s'étant élevées au Parlement et dans la presse des Pays-Bas pour blâmer le ministre de son changement d'attitude, il est à espérer qu'il se rendra à leurs sages conseils. Et j'ai bon espoir, malgré le retour offensif du C. P. N. que M. Hymans et ses collègues conscients pourront museler, une fois encore, l'opposition insensée de leurs adversaires.

En attendant, ceux-ci cherchent à se procurer l'appui, contre la Hollande, des anciens alliés de la Belgique. Ils le font, bien entendu, en se couvrant du masque de la défense nationale, et même de la défense occidentale contre le Boche abhorré et, disent-ils, assoiffé de revanche.

Ils affirment que sans le Limbourg hollandais, — la trouée du Limbourg — et sans les bouches de l'Escaut, « ils » ne sauront pas résister à la nouvelle invasion. (Car il est entendu que ces messieurs du C. P. N., qui se sont tous réfugiés dans des pays neutres ou alliés pendant la guerre, sont les défenseurs attitrés de nos frontières !) On a vu des émissaires comme MM. Féron et Nothomb, aller colporter ces sornettes ridicules dans les coulisses de la Chambre française et obtenir du Bloc National des promesses de soutien.

Au fond, toute l'agitation pour une alliance française — j'aurai l'occasion de le dire dans le chapitre suivant — est dans le plan des impérialistes belges, un premier stade vers une guerre de conquête contre la Hollande. Ils cherchent des complices pour assurer à leur expédition une impunité et un succès scandaleux.

Sous prétexte d'intéresser, selon la formule, nos grands alliés à notre cause, on veut opposer aux gouvernements responsables des campagnes de presse et de tribune. Le conseil suprême, c'est-à-dire les délégués des grandes puissances, n'a pas cessé un instant de suivre les négociations hollando-belges, et il est donc parfaitement renseigné sur les exigences de la justice. Ce conseil suprême a approuvé les accords en cours, et il a pris — indubitablement — le

parti des Pays-Bas, quand des bandits de chez nous cherchèrent a
les dépecer. Aujourd'hui, des hommes irresponsables de chez nous
cherchent à monter avec des hommes irresponsables de nos voisins
un complot international. Voilà qui est inadmissible et odieux. L'amitié
de la France, pour la Hollande, est un lieu commun de la diplomatie :
le gouvernement de Paris laisse-t-il quelques politiciens réactionnaires et à courte vue mettre en péril cette vieille et longue tradition ?

Du côté de l'Angleterre, le succès de nos annexionnistes semble
avoir été plus relatif. Mais une question posée à la Chambre des
Communes nous permet de nous rendre compte de l'état exact de
la situation. Un député ayant demandé si le gouvernement belge avait
sollicité l'appui du gouvernement britannique dans la liquidation du
différend hollando-belge, le ministre compétent a répondu par la
négative. Ainsi il est donc officiellement établi et confirmé que les
cercles responsables ne veulent pas opérer sur la Hollande une pression
internationale, et se déclarent satisfaits, persistent à se déclarer satisfaits des accords projetés, (sauf, bien entendu, l'incident des Wielingen). Et il est établi que des hommes de parti, que des impérialistes
irresponsables, je le répète, veulent faire échec à leur gouvernement
avec l'appui de leurs congénères des pays voisins. C'est une manifestation caractéristique de l'Internationale des Nationalismes. Mais,
en outre, ça réduit à leur valeur les prétentions de « patriotisme »
des organisateurs de ce mouvement.

Je ne sais si, pour le malheur du monde, l'alliance militaire
franco-belge sera conclue. Mais je sais qu'on ne pourra jamais
dénoncer assez rigoureusement ceux qui invoquent un prétexte men-

songer, un péril imaginaire, pour faire avec les réactionnaires français, une conspiration contre la Hollande.

Et je sais que tous nos espoirs doivent aller à ce que le gouvernement belge conserve sa fermeté et sache persuader, quand la question des Wielingen, aura été réglée, tous les honnêtes gens de son pays, de la justice des traités qu'il proposera, de nouveau, à la ratification de notre parlement.

IX.

L' Alliance Française.

Toutes les offensives nationalistes convergent donc vers ce but unique. Il semble que toutes les rancoeurs et les amertumes accumulées par les défaites successives vers le Luxembourg, vers l'Allemagne et vers la Hollande aient eu pour résultat d'exaspérer leurs espoirs et d'enrager leur propagande.

J'ai déjà dit comment l'espoir de trouver dans la France réactionnaire du Bloc National un appui susceptible d'assurer la réalisation de leurs plans de conquête et de tyrannie les animait, seul, dans cet espoir.

Je voudrais insister davantage ici sur les modalités de ce projet, qui, s'il s'accomplissait jamais, mettrait très réellement en péril la paix du monde.

Il serait puéril de dire que cette question de l'alliance francobelge est à l'ordre du jour en Belgique, car je crois qu'aucune autre ne s'impose plus tyranniquement à l'attention publique. Les journaux impérialistes de Bruxelles ont inauguré, sous le titre de « l'Alliance » une rubrique presque quotidienne. Les discoureurs accoutumés du *Comité de politique nationale*, de la *Ligue des Patriotes* et des *Amitiés Françaises* célèbrent à perte d'haleine, l'absolue nécessité d'une « union intime ». On exploite la présence, d'ailleurs inexplicable, dans les villes belges aux revues du 21 juillet (Fêtes

7

Nationales Belges) de détachements français. Après que le soi-disant socialiste Piérard l'ait réclamée du haut de la tribune de la Chambre, d'autres compères, — y compris l'inévitable Jules Destrée — font chorus pour la réclamer, en ajoutant qu'elle doit être « effective ». L'ambassade française à Bruxelles travaille de toutes ses forces et de tous ses subsides, à élargir le cercle des convaincus volontaires. Et ce n'est pas sans arrière-pensée que le gouvernement français envoyait récemment à Anvers, pour une fête d'aviation, ses « as » les plus célèbres, avec mission de se répandre en interviews où les avantages de « l'action commune » seraient célébrés.

Il ne faut pas se dissimuler que la situation est infiniment dangereuse. On a réussi à émouvoir dans une partie du peuple la fibre sentimentale, et on abuse — une fois de plus — de cet avantage. La « France du Droit et de la Justice » n'a jamais été invoquée aussi souvent, ni les morts des champs de bataille, ni le beau ciel de l'Ile-de-France. On ne discute pas : on affirme et on se pâme. Et quand un misérable vient parler des dangers de cette alliance, on commence par poser en principe que la France n'a jamais été impérialiste, et que l'impérialisme français est une invention et une calomnie des Allemands ; — après quoi, on livre ce « pro-boche » à l'indignation des aboyeurs d'extrême-droite.

En France, la conclusion de ce traité se poursuit secrètement et, dirait-on, dans le silence indifférent (ou complice) de la presse. On peut voir par ce qui précède combien la situation est différente de chez nous.

Certes, il y a des opposants.

Il y a surtout, — je l'ai dit — les Flamands, et davantage

encore ceux, de tous les partis, qui basent sur la question flamande leur politique intérieure. C'est une force, et s'ils n'ont pas la majorité à la Chambre, leur minorité répandue sur tous les bancs, peut créer de sévères difficultés au gouvernement. Evidemment, ce n'est pas en vertu d'une doctrine anti-impérialiste ou même internationaliste que les Flamands s'opposent à l'alliance néfaste. Ils craignent, avec raison, qu'une alliance officielle ne renforce leurs adversaires à un tel point qu'il leur soit impossible de résister à leurs absurdes préventions. Aussi quand Camille Huysmans parle contre l'alliance, et quand un groupe de socialistes flamands l'approuve, faut-il se garder de croire qu'ils agissent ainsi (uniquement, du moins) par internationalisme.

A côté des Flamands, il y a la petite poignée des « minoritaires » de Jacquemotte et une petite poignée d'indépendants. L'importance de ceux-ci est grande parce qu'elle peut se manifester dans des centres comme Bruxelles, qui échappent au contrôle direct des Flamands.

Enfin il y a quelques bourgeois, — industriels pour la plupart — qui redoutent l'alliance pour des questions d'intérêt; — et quelques catholiques qui la redoutent pour le plus grand bien de l'Eglise.

Ces forces-là sont plus nombreuses, toutes ensemble, qu'on ne pourrait le croire au premier abord. Meis elles sont muettes, et aucune propagande ne les organise. Bien travaillée, la cause de la liberté pourrait réunir, je crois, une moitié de la population et l'emporter peut-être dans un plébiscite. Mais nul ne songe à la travailler, ou n'ose le faire. On laisse agir les énergumènes nationalistes et on semble médusé par leurs clameurs.

Or, rien n'est plus lamentable.

Car, si la Chambre du Bloc National est bien décidée à ne jamais créer de difficultés à son cher Millerand, la Chambre belge, qui est l'idéal du Parlament-Croupion en toutes choses, serait susceptible de se réveiller de sa torpeur, si le groupe flamand adoptait une attitude d'intransigeante opposition au projet d'alliance.

C'est, d'ailleurs, parce qu'ils craignent un sursaut de résistance et peut-être un échec que nos bons impérialistes auront recours à une perfidie classique, qualifiée de stratagème dans les milieux bien élevés : on ne concluera pas une alliance qui provoquerait une discussion parlamentaire ; on se contentera d'une convention militaire qui reste secrète.

Il faut entendre que le résultat est absolument identique, que les peuples sont enchaînés et asservis pareillement à l'hypernationalisme des généraux de l'arrière et de l'avant, que les libertés élémentaires sont foulées aux pieds de la même façon, et que la conspiration, en consentant cette concession apparente, ne desserre pas ses liens. Il ne faut pas oublier qu'entre la France et la Russie, il n'y eut jamais officiellement qu'une convention militaire, et que Poincaré et ses complices de Pétrograd s'en contentèrent pour empêcher le maintien de la paix.

Une « convention militaire » : ces mots sonnent mieux que le mot « alliance ». Ils paraissent plus inoffensifs et beaucoup de méfiances se calment en croyant qu'il s'agit d'une union conditionnelle, restreinte, et de faible envergure. Or c'est une erreur tragique que d'imposer silence à son émotion pour une sublilité de verbalisme. La convention militaire, c'est, en réalité, l'alliance ; — mais une alliance plus dangereuse, plus menaçante, parce que secrète et enlevée au contrôle de la nation. Les vieux privilèges dont jouissent les militaires et les militaristes dans notre société, veulent que les tractations soient au nom de l'intérêt national, enveloppées d'un impénétrable silence. Si deux pauvres ambassadeurs se réunissaient pour discuter les relations franco-belges, une foule de surveillants se dresseraient dans les deux pays, et vingt députés, dans les deux Chambres, accableraient les ministres de questions d'ailleurs inoffensives. Mais aujourd'hui que les négociateurs sont le maréchal Foch et le général Maglinse, on affecte une indifférence coupable et on leur laisse la bride sur le cou. Ainsi nous nous réveillerons, un beau matin, alliés à notre insu contre une Allemagne dont la majeure partie du peuple n'est plus militariste — malgré Versailles et Spa. Et nous nous trouverons embarqués un beau soir, — très prochain — dans une nouvelle guerre à laquelle auront préludé de nouvelles « occupations » et de nouvelles « offensives d'astreinte ».

Mais, diront les optimistes, il s'agit d'une convention défensive ! Autre perfidie, non moins classique. Toutes les alliances sont toujours théoriquement défensives et elles servent toujours à faciliter, sinon à provoquer, des conflits. Il ne faut pas oublier qu'un des axiomes de la diplomatie consiste à se faire déclarer la guerre ; Cavour en 1859, Bismarck en 1870, Poincaré en 1914 se sont fait déclarer la guerre. Je prends ces trois exemples parce qu'ils viennent les premiers sous ma plume, mais on en trouverait cent s'il en était besoin.

Il y a mille et une façons d'être attaqué : Cavour, Bismarck et Poincaré eurent chacun la leur, celle de l'Italien plus habile, celle de l'Allemand plus brutale, celle du Français plus cynique. Qui oserait prétendre que les maréchaux alliés ne sauront pas créer à leur profit une situation analogue ? Il est très difficile de prétendre que le désarmement ne s'opère pas dans les délais prévus, que les charbons n'arrivent pas en assez grandes quantités, ou qu'on a manqué de respect aux « héroïques soldats indigènes » du général Mangin.

Défensif, offensif : mots d'autant plus dangereux qu'ils réussissent à illusionner une foule de gens. Verbalisme diplomatique, qui n'a d'autre raison d'être que d'égarer l'opinion. Une alliance est toujours défensive en paroles, et offensive en réalité.

Le traité de Paix offre une troisième perfidie aux défenseurs, aux inventeurs de l'alliance. Leur but étant de masquer leurs machinations à la vigilance du peuple, ils prétendent qu'on ne doit rien craindre, la Société des Nations interdisant les alliances particulières. Or, — la mineure de ce syllogisme est un trésor rare — comme les gouvernements français et belge ne peuvent pas être soupçonnés d'attentat au pacte de Versailles, il faut bien que les négociations engagées portent sur des points accessoires.

En vérité, seuls quelques adversaires intelligents tiennent ce langage. La majorité des autres, comme la *Nation Belge*, réclame simplement à cor et à cri « l'union intime ». Mais les premiers essaient de prévenir notre argumentation en tirant une conclusion hypocrite de ce qui constitue leur illégalité. Il est indéniable que l'alliance franco-belge est contraire à l'esprit et à la lettre du pacte de la Société des Nations.

Celui-ci défend toute union plus ou moins secrète entre des Etats appartenant à la Ligue. Les conventions militaires sont naturellement comprises dans cette prohibition, car sinon celle-ci serait inopérante, et, partant, ridicule. Mais les désirs de guerre et l'impérialisme des états-majors les poussent à considérer, quand il se retourne contre eux, le traité de Versailles comme un « chiffon de papier ». Pour eux, ce traité est une source de prétextes pour accuser et opprimer l'Allemagne, mais tout ce qu'il exige, en contre-partie, des vainqueurs, ils le piétinent sans remords. Je rappelle à cet égard l'interview fameuse du maréchal Foch sur la Société des Nations. Mais tout ceci est trop évident pour qu'il soit besoin d'y insister.

Je me résume : Je dis que l'alliance, sous forme de convention militaire est une alliance plus dangereuse, parce que secrète et machinée simplement par les états-majors, c'est-à-dire par nos pires ennemis. Je dis que le mot « défensif » est une imposture. Je dis que ce projet foule aux pieds le traité de Versailles dans une de ses parties essentielles, et que ces messieurs de Spa seraient les derniers à pouvoir tolérer une semblable machination.

Il reste à montrer les avantages immédiats qu'escomptent les conjurateurs des deux pays. On pourra facilement se rendre compte ensuite, si j'ai tort, d'appeler le projet d'alliance une conspiration des impérialismes. Il reste à montrer aussi combien l'intérêt national de la France et de la Belgique et l'intérêt international de l'Occident sont également menacés par cette conjuration. Je ferai l'un et l'autre en même temps.

Je ne puis songer, cependant, à évoquer toutes les preuves du danger que constitue l'alliance. Elles sont trop et de quelque côté qu'on se tourne, on en compte par poignées.

J'examinerai les plus frappantes d'entre elles, et surtout en m'inspirant de l'intérêt de la Belgique. Voici par exemple, — et d'après les déclarations de notre ministre de la guerre — ce que vaudra à notre pays, au point de vue militaire, « l'union intime » : avant la guerre l'armée belge sur pied de paix comptait environ 45.000 hommes, et nul ne songeait à trouver cet effectif trop réduit ; aujourd'hui que la « dernière guerre » est finie et qu'on a lutté pendant cinquante deux mois pour imposer le désarmement universel, notre ministre annonce que notre effectif de paix ne descendra jamais en-dessous de 80,000 hommes. Et les journaux nationalistes expliquent que c'est le fruit d'une exigence, d'ailleurs très justifiée, de la France qui n'aurait aucun avantage à s'unir à une nation désarmée (!).

Même plaisanterie assez sinistre et très odieuse pour le temps de service : avant la guerre, le fantassin belge servait quinze mois, le cavalier et l'artilleur à cheval deux ans ; aujourd-hui une commission travaille encore à fixer le nouveau terme, mais d'après les déclarations reproduites dans journaux d'extrême-droite comme le *Soir* et la *Nation Belge*, M. Maglinse et les officiers de son entourage réclament comme un *minimum* dix-huit mois à l'infanterie et les deux ans pour les autres armes.

Voilà un des bienfaits de l'alliance au point de vue belge. Un autre exemple est fourni par l'occupation de l'Allemagne rhénane.

Certes, je ne veux rien dire de la collaboration belge à la récente et risible offensive « d'astreinte » sur Darmstadt et Francfort. Elle a déshonoré ceux qui l'ont décidée ainsi que la plupart des officiers qui y ont participé, — et c'est un peu notre revanche. Mais j'ai devant moi les nouvelles publiées récemment sur les effectifs de la « garde du Rhin ». Sur la demande de l'Etat-Major français, l'état-major belge va renforcer les troupes d'occupation. On va doubler, ou à peu près, le nombre des bataillons expatriés. Et les mêmes journaux affirment que c'est là un service que la Belgique ne peut pas refuser à la France au moment où les deux pays vont s'allier l'un à l'autre.

J'aurais beau jeu à montrer, en outre, comment la Belgique va devenir le jouet des caprices et des folies du Grand Quartier Général français et comment les troupes belges vont être, entre les mains de M. Foch et de M. Mangin, de précieux renforts pour les nègres et les jaunes, ou du moins d'excellents « valets d'armée ». L'assujettissemment des Portugais à l'Angleterre va trouver un digne pendant. Certes on n'emploiera peut-être pas nos soldats en Afrique ou en Asie, mais il est certain que nous serons engagés d'office dans toutes les opérations d' « astreinte » contre l'Allemagne et qu'ils formeront, avec les sauvages et les tanks, la gendarmerie du capitatisme occidental.

La politique belge va hériter du jour au lendemain de toutes les haines, de toutes les inimitiés, de toutes les méfiances qui entourent la politique française, que la politique française a collectionnées depuis deux ans.

Mais venons en aux buts poursuivis par les conjurés des deux pays. Il est bien évident que le nationalisme français ne recherche les 3 ou 400.000 hommes de l'armée belge comme un appoint décisif. Un Nivelle en mange autant en deux jours. Leur ambition est d'ordre moral : ils veulent à l'heure inévitable où pour sortir de l'impasse, il faudra de nouveau courir la Grande Aventure, pouvoir faire état de la Belgique comme d'une force sentimentale. Pendant cinq ans, déjà, — je l'ai dit — la Belgique a été l'enfant que l'Entente portait sur le bras pour exciter la pitié du monde. Il la leur faut encore, à ces guerriers du Droit, quand ils recommenceront.

Cet appui moral est le but visé, par les impérialistes français, dans l'alliance. Le but des impérialistes belges est tout aussi inavouable; ils espèrent, eux, grâce à l'alliance française, pouvoir adopter envers la Hollande une attitude d'arrogance et d'hostilité. Ils comptent, pour réussir le vol des deux provinces qu'ils convoitent, sur l'appui de la France, sur la présence de l'armée française pour apaiser les résistances dans leur propre pays, et semer la terreur chez leurs paisibles voisins. Le militarisme français a donné à la réaction et à l'impérialisme universels assez de preuves pour exciter la confiance de tous les nationalismes.

Voilà l'avantage recherché par l'impérialisme belge. Aucun autre ne peut être sérieusement évoqué: en effet, la nécessité de donner à la Belgique la protection de son puissant voisin contre une nouvelle invasion allemande est un conte ridicule. Cette protection formerait, devrait former la base, l'essence de la politique française, au cas où l'Allemagne voudrait réellement un jour reprendre le *Drang nach Westen*; et cette réalité n'a nul besoin d'être sanctionnée par un traité d'assujettissement. Or l'Allemagne n'en a nulle envie, sinon dans les discours de quelques Junkers et dans les articles de nos nationalistes et d'autre part l'appui de l'Angleterre et de tous les Etats géographiquement solidaires de l'Occident lui serait, devrait lui être, ne pourrait pas ne pas lui être acquis à ce moment (et non pas seulement celui de la France).

L'appui de la France à la Belgique contre une revanche allemande est le prétexte derrière lequel les conjurés masquent leurs

affreux désirs de conquête et d'assassinat. La réalité est que le gouvernement français veut se procurer le marmot belge pour le faire crier
au bon moment et pour employer jusque là ses troupes comme des
mercenaires, qui ne lui coûteraient rien. La réalité est que les méga-
lomanes belges veulent se procurer l'appui de la France pour réaliser
leurs mauvais desseins. De part et d'autre, on ne pense qu'à la guerre
et on s'y prépare fébrilement.

L'alliance serait pour les uns et les autres un premier pas, un
pas énorme vers la réalisation de leurs désirs. Ce serait la réfutation
préalable d'un des meilleurs arguments des partisans de la paix et des
timorés. Ce serait une première certitude que la guerre ne leur echap-
perait pas. Ce serait un arsenal de guet-apens, de prétextes et de
bonnes raisons entre les mains des ennemis du peuple. Les chacals
de la guerre aiguisent déjà leurs belles phrases, sur le respect de la
« foi jurée » et la loyauté de l'alliance.

Et c'est pourquoi on ne peut pas se lasser de répéter, à ceux
dont on trahit la confiance, et dont tous les Poincaré des deux pays
préparent déjà les oraisons funèbres, que *la conclusion de l'alliance
franco-belge, c'est la guerre.*

X.

La question flamande.

Si l'alliance française est le problème le plus important qui s'offre aujourd'hui à la décision du gouvernement et du peuple belges, la question flamande est le pilier — et la menace — de la politique intérieure. La passion qu'apportent à la traiter partisans et adversaires, les mille et une applications accessoires qui l'imposent quotidiennement à l'attention des citoyens le plus indifférents, en général, aux querelles politiques, l'acuité du conflit et les points de vue inconciliables qui y sont opposés, font de ce sujet le plus dangereux terrain de réflexions et promettent à celui qui s'y aventure, les invectives certaines de l'un ou l'autre camp.

En réalité, un pays porte toujours en lui, comme un cancer, un divorce linguistique. Je sais que les exemples ne manquent pas de nations dualistes — et la Suisse est invoquée sans répit par les défenseurs de « l'âme belge », par les apôtres du mariage hybride imposé à des populations voisines mais étrangères par l'arbitraire de vingt traités.

Les Pays-Bas étaient, jadis, une réalité géographique et ethnologique. C'était l'époque où les Flandres s'étendaient jusqu'au-delà de Lille, et où les provinces wallonnes appartenaient en partie à la la France, et en partie à l'Empire. Bien qu'une série d'historiens graves aient démontré par de gros livres l'existence d'une Belgique unifiée — l'existence traditionnelle d'une Belgique unifiée — je crois qu'il est permis de n'être pas convaincu de cette vérité, de la repousser comme un dogme officiel. La Raison d'Etat exige en Belgique que cette thèse soit proclamée et admise. J'aimerais mieux qu'on ramène le problème dans une autre lumière et qu'on nous demande de nous appuyer sur la « réalité » actuelle d'une Belgique, plutôt que sur son identité historique.

La Belgique existe aujourd'hui. N'imposons donc pas à quelques pauvres fonctionnaires la tâche de nous prouver qu'elle en a le droit.

La victoire des Pays-Bas septentrionaux sur les armées espagnoles, au XVIe siècle, et la défaite des provinces méridionales qui demeurèrent sous le joug de l'étranger, fut la première atteinte à la réalité géographique et le premier pas vers la constitution de la Belgique. Les guerres successives entre l'Empire et la France, qui se déroulèrent sur notre territoire, achevèrent de creuser un fossé entre la Hollande affranchie, et la Belgique, monnaie d'échange et champ de bataille. En outre, la victoire de l'Espagne avait maintenu chez nous, par la force des armes, la suprématie catholique, tandis que nos voisins du Nord pouvaient développer librement leur calvinisme. Cette séparation religieuse renforça encore la séparation politique.

Quand, plus tard, le hasard des armes permit à la coalition d'enlever à la France un certain nombre de ses places fortes du Nord, et les bandes de territoires qui les reliaient entre elles, on adjoignit ces terres à la Belgique, c'est-à-dire aux provinces méridionales des Pays-Bas occupées et possédées par l'étranger.

Le mariage fu célébré sans cérémonie, car à cette époque les annexions ne se nommaient pas encore « désannexions », le conquêtes ne se camouflaient pas en « mandats » et les peuples n'étaient pas, en paroles, déclaré maîtres de leurs destinées.

Ainsi des populations de langue française vinrent s'adjoindre dans un cadre unique aux anciens états féodaux wallons, comme l'ancienne principauté de Liége, où un patois latin était employé par le peuple depuis toujours. Cet incident eut d'autant moins d'importance que le gouvernement impérial employait l'allemand comme langue officielle. D'autre part, on sait qu'à la cour d'Espagne comme dans plusieurs autres aristocraties de l'époque, le français était employé comme une langue de luxe, et ainsi pendant les longues années où des gouverneurs espagnols avaient résidé à Bruxelles, il y avait eu une certaine tendance à introduire, déjà, dans certains cercles puissants et riches des Pays-Bas la langue du grand royaume occidental.

L'Etat étant à cette époque fort peu unifié, c'est-à-dire le régionalisme administratif étant encore très puissant, le problème linguistique ne se posa pas avec acuité. Chaque province employait la langue de ses habitants et le pouvoir central employait sa langue ou celle de ses administrés, avec une sympathie marquée pour le français.

Bruxelles, indiscutablement flamande jusqu'alors, fut la seule ville à subir une influence persistante et, inconsciemment une pression extérieure : siège du gouvernement, résidence de l'aristocratie et d'une bourgeoisie riche, le français s'y fit monnaie courante, — prépondérante même dans certains milieux — tandis que le peuple

des artisans et des petits commerçants restait attaché à la langue de
leurs ancêtres. Il est bien certain que le snobisme et la flatterie
furent à l'origine de l'introduction du français à Bruxelles.

Vint la révolution française, l'occupation du pays par les armées
de la République, suivie de l'annexion. La langue française fut
imposée à toutes les administrations publiques, qui l'adoptèrent avec
la docilité dont les vaincus, à cette époque encore, faisaient aisément
parade vis-à-vis des vainqueurs. Les jeunes gens furent astreints au
service militaire par l'Empire et obligés, en même temps, flamands
et wallons, à apprendre le français. D'autre part, l'introduction de
la culture française se poursuivit avec force dans toute la Belgique,
et le rayonnement de la puissance napoléonienne rendit invincible ce
flot latin. Il faut, en effet, se représenter que le flamand devait tirer
de lui-même toutes ses richesses culturelles, la Hollande étant séparée
de lui par le différend religieux dont je parlais plus haut, et étant
arrivée à mépriser le peuple des provinces méridionales, asservies à
l'Etranger, catholiques, et par ailleurs usant d'un idiome moins pur
que le sien et corrompu de patois.

La poussée française fut, donc, aisément triomphante, et Bruxelles, entre autres, se laissa conquérir tout-à-fait par le vainqueur.
Tandis que le peuple était plus ou moins obligé d'apprendre le
français ou des rudiments de celui-ci et de superposer ce bagage à
son flamand local, la plus grande partie de la bourgeoisie négligea
d'instruire ses enfants en flamand et les perfectionna de son mieux
dans l'emploi de cette langue, en les envoyant même faire des
stages prolongés à Paris, capitale de l'Europe. Il y eut alors, dans
notre capitale, deux moyens de s'exprimer, le français, et un lan-

gage populaire, mélange de flamand et de français, qui fit un patois exhilarant, où les constructions grammaticales s'échangèrent et où les mots s'enchassèrent à l'improviste, avec les plus inattendus des rapprochements.

Après la défaite de Napoléon, le Congrès de Vienne décida de restaurer les anciens Pays-Bas. Selon l'habitude des diplomates, ceux-ci ne se préoccupèrent pas le moins du monde de la réalité contemporaine. Ils ne se rendirent pas compte que deux siècles et demi de séparation avaient complètement changé la mentalité des deux populations. Fidèles aux principes traditionnels, ils renouèrent des liens rompus depuis si longtemps, et ils bâtirent, au nom de la solidité historique, ce Royaume des Pays-Bas, qui était la constru-ction la plus fragile et la plus arbitraire du monde.

Ce Royaume comprit les anciens territoires du XVe siècle avec en plus les arrondissements français enlevés à Louis XIV par les Impériaux et, en moins, les arrondissements de Lille, de Dunkerke, et de Saint Omer, pourtant flamands par tradition.

Le résultat de ce mariage est connu. En 1830, les Belges du Sud se soulevaient contre les Hollandais. Il n'y a point ici de manifestation d'un esprit national belge. En réalité, le plus grand grief des rebelles était la tirannie du roi Guillaume qui, comme tous ses sujets, méprisait les gens du Sud et les avait, en quelque sorte, réduits en vassalité. Il y avait aussi, de la part des révoltés, une colère linguistique. Guillaume avait imposé le néerlandais comme langue officielle, comme Napoléon avait imposé le français ; — mais il n'avait ni la puissance, ni le prestige de Napoléon et sa tenta-tive souleva d'unanimes protestations.

La révolution fut faite principalement par Bruxelles et les provinces wallonnes. Gand demeura longtemps un centre irrédentiste et Anvers ne se rallia avec enthousiasme à la Belgique, que par rivalité économique avec les ports hollandais. Elle espérait qu'appartenant à une Belgique libre, elle regagnerait son ancienne prospérité.

Comme toute réaction victorieuse contre une oppression, la révolution de 1830 entraîna la Belgique vers la France et la culture française, Si les Hollandais avaient été vaincus définitivement d'ailleurs, c'était aux armées françaises que les Belges le devaient. Louis-Philippe avait envoyé ses soldats assiéger Anvers, et repousser l'invasion de la Campine, En plus, l'étincelle qui avait mis à Bruxelles le feu aux poudres, avait été l'exemple de Paris où la révolution de Juillet avait remplacé par la monarchie constitutionnelle le pouvoir absolu. Enfin le roi Léopold I épousa bientôt la fille du roi des Français.

Tout en inscrivant dans la Constitution l'égalité de tous les citoyens devant la loi, le nouveau gouvernement fit du français la langue officielle du royaume.

Bruxelles, peu à peu, se francisait davantage. Les relations entre elle et Paris s'intensifiaient, et la bourgeoisie renforça encore son mouvement vers le Sud. Le peuple — si j'ose dire — perfectionna son patois franco-flamand.

Cette situation dura fort longtemps. Il est indiscutable qu'elle était d'une flagrante injustice pour les populations flamandes, qui étaient mises en infériorité tant au point de vue scolaire qu'au point de vue judiciaire. L'armée était essentiellement française et le peuple des Flandres fut nettement négligé.

On cite certains exemples célèbres de cette situation malheureuse : un jour, deux innocents furent condamnés à mort et exécutés, malgré leurs protestations, les juges et les avocats n'ayant pas compris leurs explications parce qu'ils s'exprimaient en flamand.

Peu à peu cependant dans des centres comme Anvers et Gand, un mouvement de résistance se dessina, puis s'organisa parmi les intellectuels flamands. Quelques grands littérateurs avaient éveillé la conscience du peuple et le dualisme des deux races s'accentua. Les premières revendications furent exprimées et défendues.

Le gouvernement y fit d'ailleurs bon accueil et un statut fut établi qui n'était pas encore très équitable et laissait encore les populations flamandes en état d'infériorité. Je crois cependant qu'on aurait pu améliorer peu à peu ce statut et réaliser, sans peine, un équilibre de justice, si le mouvement avait continué à être dirigé, en Flandre, par des intellectuels, épris d'équité et d'idéal. Mais le malheur voulut que la question flamande tomba aux mains de politiciens, et qu'on en fit, par surenchère, une plate-forme d'électoralisme. Les cléricaux commencèrent. Les autres partis suivirent. La résistance du gouvernement, puis des Wallons, en fut exacerbée et le conflit devint aigu.

Assez rapidement d'ailleurs, des membres « flamingants » firent partie du cabinet. Ils en profitèrent, toujours par électoralisme, pour réaliser des réformes inutiles, et qui, sans apporter la moindre satisfaction au peuple des Flandres, soulevèrent le ressentiment des populations wallonnes. Je songe, par exemple, à la traduction imposée par l'administration centrale, des noms de ville du pays wallon.

Ainsi, de part et d'autre, on commit des erreurs et des injustices — et on rendit la solution plus difficile encore. Si la plupart des points controversés n'ont pas encore reçu une solution même provisoire, si tant de revendications s'enveniment et si, tant de passions s'exaspèrent, la responsabilité en incombe aux deux camps.

De bonnes mesures furent prises en matière de justice et d'enseignement primaire et secondaire. De mauvaises mesures en beaucoup d'autres matières. D'autre part, la résistance ou le zèle intempestif d'autorités municipales et provinciales multiplia les différends avec le gouvernement central, et on en vint même, de part et d'autre, à des mesures de mauvais gré et de représailles inadmissibles.

Les ministres flamands, parce qu'ils étaient minorité dans le cabinet, durent se contenter d'agir par voix de circulaires ou de décrets dans le cercle étroit de leurs départements. Les réformes ainsi introduites ne purent être que mesquines. Par là, les autres membres du Cabinet s'irritèrent, et ils ne voulurent pas prendre en considération les grandes réformes qui s'imposaient.

On passa vingt fois à côté de compromis honorables, pour aboutir à l'actuelle intransigeance. D'autre part, les extrémistes wallons faisaient, à leur tour, de l'électoralisme et de la surenchère, et par leurs attitudes et leurs discours provocateurs donnaient des armes aux extrémistes flamands. Avant de faire de la surenchère nationaliste, Jules Destrée fit ainsi, et pendant très longtemps, de la surenchère wallonne.

En outre, les différentes phases de la lutte flamande étaient rendues plus âpres par les remous de la campagne cléricale ; la Droite cherchait à flatter tout entière les Flamands pour rester au pouvoir, et par la même, les deux gauches étaient plutôt disposées à leur résister.

On fit tant et si bien qu'au moment où la guerre éclata, plusieurs graves questions étaient encore pendantes et qu'on offrait ainsi à l'envahisseur un moyen de semer la discorde dans le pays envahi.

Et c'est pourquoi si on voulait être impartial, on devrait reconnaître que les premières responsabilités de l'activisme retombent sur les ministres et sur les politiciens qui, pendant vingt ans, s'enragèrent à discuter des détails sans importance, et ne donnèrent pas tous leurs soins à trouver une solution satisfaisante au problème de l'unité qui, à leur point de vue, aurait dû être primordial.

Aujourd'hui la question se présente à peu près comme ceci :

Pendant la guerre, spéculant sur la victoire de l'Allemagne ou, du moins, sur une paix sans vainqueur et vaincu qui aurait pu leur faire conserver le bénéfice du fait acquis (la dite paix, la question flamande hors de cause, aurait d'ailleurs été la seule heureuse pour la Belgique comme pour l'Europe), un certain nombre de flamands, s'appuyèrent sur l'autorité occupante pour réaliser un programme extrémiste flamand. Quelques-uns d'entre eux étaient des intellectuels idéalistes, d'autres, plus nombreux, des hommes sans passé et sans conscience, qui y virent un moyen de s'enrichir ou d'obtenir des avantages personnels.

Ce fut le mouvement dit « activiste » qui flamandisa l'université française de Gand et fit la séparation administrative qui accordait à la Flandre son autonomie.

Ce programme, pour extrême qu'il soit, peut être défendu et

le serait sans grandes difficultés, si la question de Bruxelles ne venait pas en rendre l'application à l'amiable impossible.

Bruxelles, en effet, est revendiquée par les deux parties du pays, par les Flamands au nom de l'histoire, par les Wallons au nom de la réalité présente. Il est, certes, indiscutable que la capitale fut jadis une ville flamande, mais il est non moins certain que sa culture actuelle est française. Certes, une partie de sa population parle le patois et offre des affinités ethnologiques avec les Flandres, mais c'est la partie non cultivée, et, donc, la moins intéressante.

En fait, Bruxelles, a toujours été neutre, dans le conflit, ayant des sympathies dans les deux camps, et cherchant à conserver l'unité du pays. Sa présence — (sa population qui compte 10 % de celle de tout le pays renforce encore son influence morale) — empêche pratiquement toute séparation administrative. Les Allemands avaient, bien entendu, placé Bruxelles dans la partie flamande du pays mais eux-mêmes avaient dû faire des concessions d'ordre linguistique.

Quand l'armistice eût ramené au pays le Gouvernement du Havre, les « activistes » se sauvèrent à l'étranger et, fatalement, une vague de réaction antiflamande déferla une fois de plus dans le pays. Elle fut de courte durée, car les partisans de la séparation administrative étaient trop nombreux et trop bien organisés pour être longtemps réduits au silence.

Ils firent le Frontpartij dont j'ai parlé plus haut et cherchèrent à reprendre les avantages que leurs chefs de file avaient obtenu pendant la guerre. Leur intransigeance à ce point de vue est absolue et leurs revendications sur Bruxelles d'une acuité sans compromis.

Il est certain qu'ils obtiendront bientôt une université, ce qui aurait dû être fait depuis vingt ans, et n'est que justice. Auront-ils un jour la séparation administrative? Pour ma part, je ne le crois pas.

Le Frontpartij gouverne en fait tout le mouvement flamand et les « flamingants » (pour reprendre sans y rien mettre de péjoratif le vieux mot) des autres partis, qui les attaquent ou les ignorent, s'empresseront de passer sous leur bannière à leur première victoire. J'ai dit et je répète que j'ai foi en l'avenir du Frontpartij, malgré et peut-être à cause des haines et des diffamations dont il est l'objet.

Il est très évident que ce mouvement a dépassé les limites que lui assignaient jadis les flamingants électoralistes. Mais il a l'avantage d'être franc, alors qu'ils étaient hypocrites, et sincère, alors qu'ils étaient politiciens.

Il défend les mêmes outrances et somme toute, la prétention des transformistes de ne pas reconnaître la paternité de ces révolutionnaires, est insoutenable.

Le « Frontpartij » et ceux qui luttent dans le même sens que lui, ont, sans aucun doute, des volontés contre lesquelles je me révolte. La dictature des consciences qu'ils veulent instaurer, la liberté du père de famille qu'ils veulent supprimer en matière d'enseignement, la détermination d'aller contre la réalité des faits, au nom de la tradition, et, par exemple, de « défranciser » Bruxelles par la force, — et aussi la défense inaugurée par eux, des plus indéfendables « activistes » de guerre, — me trouveront toujours obstinément irréductible.

Mais je ne m'illusionne pas sur leurs défauts et c'est pour les mêmes raisons que je m'insurge contre le « parti de l'ordre » et contre les chapelles politiques de l'autre camp. Je proclame que ceux dont l'esprit accepte la dictature des folies nationalistes et de leurs dogmes scélérats, dont le courage capitule devant les menaces réactionnaires les plus odieuses, dont la passion applaudit aux violations systématiques de la réalité et de la vérité faites à Versailles, et dont les acclamations saluent les plus terribles assassins de nos frères et de nos enfants sont mal venus d'adresser des reproches aux leaders du « Frontpartij ».

La question flamande pose, en réalité, la question belge. Il y a une question flamande parce qu'il n'y a pas de Belgique. Puisqu'on en a créé une malgré tout, et en attendant qu'elle disparaisse dans un nouveau remous de l'histoire, que les deux populations soient libres chacune de sa langue et de ses destinées culturelles ! Il faut être insensé pour bâtir une discussion contre cette évidence, — mais malheureusement, tous ceux qui s'acharnent dans cette lutte méconnaissent les droits de l'adversaire, et malgré leurs injures réciproques, ils sont d'une identique mentalité.

XI.

La situation économique.

Avant la guerre, la Belgique exportait des produits manufacturés et du charbon et importait des matières premières et des vivres.

Aujourd'hui son industrie a été en partie dévastée, et sa production en charbon a diminué pour les raisons qui pèsent sur tous les pays de l'Europe occidentale : raréfaction de la main d'oeuvre, et manque de moyens de transport. D'autre part, elle dépend plus étroitement que jamais de l'étranger pour les vivres, et pour les matières premières et elle doit se découvrir fortement vis-à-vis de ses créanciers, sans trouver la contre-partie traditionnelle de ses ventes d'autrefois. D'où, la chute du change et la paralysie de sa vie économique.

Le phénomène est identique dans tous les pays voisins, et je ne dois pas y insister. Il y a seulement à remarquer que le change belge est meilleur que le change français et que notre franc fait environ 6 $^{0}/_{0}$ de prime sur celui de la République. Cet avantage est dû aux exportations de charbon que nous avons pu reprendre presque immédiatement après l'armistice, nos mines de houille ayant été respectées par les Allemands, qui, d'ailleurs, en ont tiré de gros profits pendant l'occupation.

Il y a lieu aussi de remarquer que l'industrie belge s'est relevée avec un grand courage et une étonnante rapidité de ses ruines et qu'elle a repris, dans l'ensemble, sa physionomie d'avant-guerre. La sympathie du monde pour la Belgique et ce fait, précieux, que notre pays était le moins éprouvé relativement en pertes de vies humaines (85 % de la population mâle n'ayant pris aucune part à la guerre), ont rendu possible ce miracle.

Mais la situation intérieure, au point de vue économique, est infiniment moins brillante. La Belgique est le pays de la vie chère : nulle part, sauf en Allemagne et en Autriche, le renchérissement n'a atteint une telle hauteur (390 %), et si le crédit extérieur du pays se maintient assez bien, le crédit du gouvernement auprès de ses propres administrés est beaucoup moins affermi.

Il est indiscutable que la responsabilité de cette situation incombe tout entière au gouvernement.

La principale cause réside dans la manière dont furent conduites les négociations de paix. Je l'ai dit plus haut, en insistant davantage sur l'aspect politique du problème, mais les mêmes propositions se vérifient pour le côté économique de la question. L'attitude de quémandeur adoptée à Paris par la Belgique nous a valu, certes, quelques avantages, — et notre « sagesse » exemplaire quelques récompenses : mais nous n'avons pas obtenu cette réparation complète à laquelle la Belgique, seule, avait droit puisque seule elle avait été mise dans l'obligation de faire une guerre dont elle ne voulait pas. Nous n'avons pas obtenu réparation, parce que nous avons, — je l'ai dit — surestimé nos dommages, et que cette manoeuvre odieuse ayant été démasquée, nous avons perdu beaucoup de sympathies ; — nous n'avons pas obtenu réparation, parce que nous nous sommes stupidement ralliés à la thèse scélérate des responsabilités unilatérales, et que par là nous avons chu dans « l'anti-bochisme » comme seule politique.

Si nos délégués avaient défendu, ou menacé de défendre, la thèse de la justice et de la vérité, c'est-à-dire des responsabilités partagées entre les deux camps, — à l'exception de notre pays — ils auraient pu exiger le paiement immédiat des indemnités, plutôt qu'une promesse de paiement gagée sur les réparations allemandes. S'ils avaient fait entendre qu'injustement saccagée par les suites de la grande conspiration impérialiste internationale, la Belgique réclamait le paiement de ses justes pertes, aux seuls complices solvables — l'Entente — quitte à laisser celle-ci se faire rembourser en tout ou en partie par l'Allemagne, ils auraient, forts de l'appui moral de l'opinion publique mondiale, obtenu autre chose qu'une hypothèque sur un insolvable. Car il faut examiner ce que la politique suivie nous a valu : d'abord, la remise de nos dettes contractées vis-à-vis de la France et de l'Angleterre : cette remise était plus théorique que pratique, puisque nous étions incapables de rembourser plusieurs milliards et que nos alliés, champions du droit et de la moralité, n'auraient guère osé prendre contre nous, leur victime, des mesures coercitives ; — une priorité de deux milliards et demi sur les versements de l'Allemagne, priorité qui deux ans après l'armistice et un an après le sinistre jour de Versailles ne nous a pas encore valu un centime et qui n'aurait eu d'ailleurs, une importance réelle que si elle avait consisté en un paiement ferme de nos alliés récupérable pour eux au premier versement des « vaincus » ; — un pourcentage (établi à la conférence de Bruxelles) de $8\,^0/_0$ sur l'indemnité forfaitaire que l'Allemagne devra payer en quelque quarante annuités. Nous avons donc obtenu un ensemble d'avantages qui ne résistent à aucun examen, un ensemble de promesses sans consistance.

La posture du quémandeur n'apporte jamais l'abondance; quand on l'adopte au lieu de réclamer son dû, on est certain d'être frustré; et quand on exagère ses réclamations, on est justement frustré.

J'ai établi, quant à ce dernier point, la responsabilité des nationalistes. Je ne peux cependant que regretter que le gouvernement ne leur ait pas opposé, pour l'indemnité financière, la ferme résistance qu'il offrait à leurs provocations contre la Hollande.

Versailles évacué par son armée de diplomates, la Belgique encensée mais renvoyée les mains vides, il fallait s'organiser et prendre des mesures.

Deux voies s'ouvraient devant les financiers officiels: l'emprunt à l'étranger et l'adaptation du système des impôts à l'intérieur.

Le premier moyen, en fait, fut difficilement mis en application, par suite de l'hostilité ouverte des autorités anglaises puis américaines au lancement dans ces pays d'emprunts belges à longue échéance. Les raisons qui poussèrent ces autorités à agir de la sorte ne sont pas du cadre de cette étude. Je dirai seulement que la mauvaise impression causée à Londres et à New-York par la supercherie des additions excessives, n'était pas calmée, et que plusieurs maladresses commises pendant la guerre par le gouvernement du Havre avaient semé contre nous une méfiance tenace. Le succès des emprunts en questions devait être dû, en quelque sorte, à la sympathie que nos malheurs avaient éveillé dans le monde. Or il faut convenir que cette sympathie n'existait plus en 1919. Je connais trop bien l'opinion publique anglaise pour pouvoir conserver, à cet égard, le moindre doute.

Brimé par les administrations de ces pays, certain que l'empressement des souscripteurs serait relatif, le gouvernement n'osa point lancer les emprunts dont il aurait eu grand besoin, cependant, pour améliorer le change national. Celui-ci devenait désastreux et je rappellerai seulement que le change anglais à Bruxelles, qui était de 30 puis 33 francs à la L. au lendemain du traité de Versailles atteignait 45, puis 55, puis 64 francs à la L. neuf mois plus tard. Et bien que je sois résolu à ne point faire des incursions dans le domaine de la politique intérieure de nos voisins, il me sera cependant permis de dire que certaines personnalités influentes de ces pays ne cachèrent pas que leur opposition à l'emprunt n'avait d'autre but que d'empêcher la stabilisation d'un change qui leur était si favorable.

Le gouvernement belge dut se contenter d'emprunter à court terme des sommes relativement minimes à des groupes financiers de Londres et surtout de New-York pour faciliter l'achat des matières premières et des vivres dont la Belgique avait besoin quotidiennement et se prémunir, de la sorte, autant que possible contre la hausse du change. Mais naturellement les groupements financiers qui consentirent ces avances n'y mirent aucun « sentiment » et n'eurent en vue que leurs intérêts. Les conditions de ces emprunts ne furent guère favorables, et elles s'aggravèrent bientôt. En effet, ces avances avaient été conclues pour un an. Quand, il y a deux mois, l'échéance se présenta, il fallut traiter d'un renouvellement, le remboursement étant impossible encore. Et les financiers américains relevèrent l'intérêt selon les coutumes locales vis-à-vis des débiteurs peu surs, jusqu'au taux énorme de $7\ ^1/_2$ et $10\ ^0/_0$.

C'est à la suite de cette déconvenue que le gouvernement, par l'organe du Premier Ministre, déclarait récemment à la Chambre qu'on devait renoncer à l'idée d'emprunts extérieurs, comme étant trop onéreux.

Il ajoutait qu'on « devait tirer toutes les ressources des richesses mêmes du pays ».

Mais ici sa responsabilité est de nouveau lourdement engagée et son manque de courage, d'énergie et même de programme accule lentement le pays à une situation désespérée.

Deux moyens s'offraient, dans le domaine intérieur, au Gouvernement pour se procurer des ressources : l'emprunt et l'impôt.

Le pays n'avait pas été sollicité pendant la guerre, comme tous les autres belligérants, de verser des souscriptions volontairement en faveur de l'Etat. Il était donc prêt à faire, dans ce sens, l'effort que ses ministres allaient lui demander.

Ceux-ci abusèrent aussitôt de ce moyen trop facile et empirique de se procurer les fonds qui leur manquaient. Et ils firent appel à l'emprunt deux fois coup sur coup. En réalité, les emprunts susdits échouèrent malgré le soin qu'avait pris le gouvernement de promettre l'exonération des taxes fiscales pour les sommes souscrites — ce qui était un encouragement aux mercantis. Ils échouèrent, parce qu'ils furent mal lancés, qu'on fût trop pressé d'en annoncer d'autres dont les conditions allaient être meilleures encore et que l'incompétence ou l'insouciance du ministère devant les difficultés d'argent n'avaient pas tardé à apparaître aux yeux de tous et à semer la panique.

Il y avait, d'abord, l'augmentation folle de la circulation fiduciaire. Le gouvernement, au lendemain de l'armistice, avait décidé de « reprendre » les marks dont la population était encombré contre des francs. Il eut soin de perdre, avant d'opérer cet échange, un temps considérable tout en proclamant ses intentions à haute voix. Il se fit aussitôt un trafic inouï de marks entre la Hollande, la Suisse et les autres pays neutres d'une part, — où des individus de toutes espèces allaient en acquérir des monceaux pour quelques centimes — et la Belgique où ils les revendirent au Gouvernement pour 1 fr. 25. Plus d'un milliard de marks, au total, furent ainsi introduits au grand dam du gouvernement. Quand l'échange eut lieu, on trouva dans le pays environ 7 milliards de marks (ce qui représente la proportion insensée de mille francs par tête d'habitants !). Le cabinet qui avait fait imprimer pour un total correspondant de billets espérait que l'Allemagne serait contrainte de les reprendre aussitôt, et que, par conséquent, son émission aurait une contre-partie. Or il n'en fut rien, toujours à cause de la faiblesse de notre représentation à Paris, — et à cause de l'indignation provoquée dans les cercles du Conseil Suprême par des manoeuvres aussi infâmes que le trafic des marks étrangers, dans lequel une classe de mercantis s'était enrichie au détriment de la nation.

Comme résultat, le gouvernement dut ranger les sept milliards de marks dans ses coffres et laisser ses billets dans la circulation. Par là, — et par les nombreuses émissions de billets qui suivirent et qui se chiffrèrent chaque mois par centaines de millions — une vague de panique déferla sur le public, et le crédit de l'Etat fut gravement ébranlé.

La politique fiscale allait achever l'oeuvre de démoralisation si bien commencée.

J'ai dit qu'on avait, le coeur léger, recouru à l'emprunt, parce que le système paraissait plus commode. Il est cependant essentiel d'équilibrer entre eux l'emprunt et l'impôt et de ne demander au premier que les suppléments nécessaires à couvrir des dépenses extraordinaires et dont la répétition est imprévue. Couvrir par l'emprunt des dépenses ordinaires, est courir au devant de la faillite. Des emprunts ne sont fructueux que si le cadre fiscal est solide, et si le crédit de l'Etat n'est pas en danger.

Le gouvernement belge ne fit pas soutenir l'emprunt par l'impôt. Il se reposa dans sa confiance et dans l'empirisme de ses formules. Il ne sut pas prendre les mesures transitoires nécessaires, et n'étudia point la refonte indispensable du système des impôts.

Ou plutôt, il fit voter au galop quelques lois hâtives, non étudiées, insuffisantes, et — pour le surplus — totalement inopérantes. Une caricature d'impôt sur le revenu fut ainsi décrété mais aussitôt promulgué, on s'aperçut qu'il était inapplicable. Le ministre se consola en mettant sur pied quelques lois sur des impôts à faible rendement — celui sur les jeux de course, par exemple. Il se consola en plus, lui qui n'avait pas osé poursuivre les scandaleux bénéfices de guerre, en poursuivant avec rétroactivité, les bénéfices industriels faits depuis l'armistice, — et dont la plupart n'étaient ni immoraux ni excessifs.

Une mesure s'imposait : un impôt sur le revenu, solide et sévère, exonérant les petits salaires ou les traitements modestes, atteignant faiblement (selon le système anglais) les revenus moyens, s'alourdissant rapidement avec l'accroissement des rentrées et enlevant un pourcentage considérable aux grosses fortunes et aux gains superflus. Cet impôt devrait normalement remplacer les taxes d'avant-guerre gouvernementales, provinciales et communales établies selon un système unique et qui, relativement, écrasaient le pauvre et n'atteignaient pas le riche. Le rendement de cet impôt, en outre, serait suffisant pour abolir les impôts indirects dont le prix de la vie souffre, dont le peuple supporte la plus grosse partie, et qui augmente inutilement les misères.

Une mesure transitoire s'imposait : le prélèvement sur les fortunes, (ou du moins sur les fortunes considérables) que le manque de numéraire ou de moyens monnayés n'empêche pas du tout quoiqu'en disent les capitalistes, puisque la saisie de l'Etat s'opérant sur des biens immeubles ou sur des titres mobiliers pourrait servir de gage, — et cette fois solide — en attendant les réalisations et les mobilisations lentes, à une émission fiduciaire ou à un emprunt. Une autre mesure s'imposait : la confiscation des fortunes énormes constituées pendant la guerre au détriment du peuple.

A ces mesures indispensables et justes, le ministère substitua des moyens termes, des palliatifs puérils, rendit l'impôt sur le revenu ineffectif, refusa le prélèvement sur le capital, et pactisa avec les mercantis au lieu de les combattre et de les punir. Le gouvernement n'envisagea même pas de précieuses mesures d'exécution de l'impôt sur le revenu, comme la transformation des titres au porteur en titres nominatifs, mesure excellente que vient de faire voter, à Rome, M. Giolitti.

Alors que le cadre fiscal misérablement insuffisant s'affaissait de toutes parts, le Gouvernement s'hallucina sur l'emprunt. Pour arriver à de faibles résultats, il dut payer à des intermédiaires capitalistes des commissions odieuses et faire des conditions de plus en plus avantageuses. Il ne put cependant pas empêcher que l'empressement du public fut très relatif et que les titres de ses emprunts, peu de semaines après leur clôture, ne fussent négociables en Bourse qu'avec une perte sérieuse. Si bien que le ministre des finances, pour être sincère, devrait compléter le discours dont je parlais plus haut, et dire que « l'emprunt intérieur est devenu impossible devant la méfiance du public ».

Nous nous trouvons donc, actuellement, sans système d'impôts, sans crédit extérieur et avec un crédit intérieur chancelant, devant des dépenses considérables et que la démagogie et l'électoralisme augmentent continuellement. Nous sommes riches d'une priorité de deux milliards et demi sur un premier paiement imprécis ; — somme insuffisante pour couvrir la seule « dotation des combattants » arrachée au gouvernement par l'émeute, le désir d'une popularité de mauvais aloi et la sentimentalité d'inconscients et d'irréfléchis, et qui théoriquement défendable peut-être dans une certaine limite si l'Etat était riche, est une folie dangereuse au moment où la misère nous étreint — ; d'une part de 8 %, sur une indemnité hypothétique ; et de sept milliards de marks dont il nous faudra nous débarrasser à perte sur le marché libre, quand, dans un certain nombre d'années, le cours de l'argent allemand aura suffisamment remonté et se sera suffisamment stabilisé pour qu'il n'y ait aucun danger de provoquer une catastrophe dont nous serions la première victime, en offrant en vente une telle quantité de papier.

C'est, si un remède suprême n'est pas découvert et appliqué à bref délai (et la nationalisation de nos grandes richesses nationales ne serait-elle pas, elle-même, trop tardive et inopérante ?) l'effondrement financier inévitable avec toutes ses conséquences internationales.

XII.

La situation internationale.

La Belgique avait un rôle à jouer aux négociations de Paix. Je l'ai longuement exposé. Ce rôle lui était en quelque sorte imposé par sa situation géographique, qui en fait le carrefour de l'Occident, — avec cette circostance adjuvante qu'elle n'a ni culture propre, ni esprit national puisqu'elle est une création fortuite et artificielle de la diplomatie, puisqu'elle est une réalité et non pas une entité.

Entre l'Allemagne, dont dépend depuis toujours sa prospérité économique, la France, avec laquelle elle entretient d'actives relations intellectuelles, et l'Angleterre, qui la contraint à l'existence, et contrôle sa neutralité politique, elle est le terrain idéal d'une compénétration et d'une collaboration internationales. Je dirai plus : je dirai que la Belgique n'a aucune raison d'être si elle ne pratique pas avec passion une politique d'internationalisme à tous les points de vue.

Sur son sol, population germanique et population latine vivent côte à côte et même fusionnées. Son manque de curiosité intellectuelle retarde, certes, son développement qui est incomparable à celui de la Hollande, par exemple. Mais tout existe en puissance pour assurer chez nous la tâche idéale de trait d'union entre les grandes civilisations d'Europe.

La stupide attitude prise par le gouvernement et par quelques éléments égarés du peuple après la guerre a ruiné cette situation privilégiée. Certes, en août 1914, la Belgique ne pouvait prendre une autre décision que de résister au passage des troupes ennemies. Mais en s'alliant aussitôt à ceux qui portaient en commun avec l'Allemagne la responsabilité de la guerre, en se faisant le complice des impérialismes et des militarismes occidentaux, le gouvernement fit les premiers pas dans la voie funeste qui devait nous conduire à la faillite morale et économique. Je veux admettre pour lui les circonstances atténuantes, parce qu'il était perdu dans un affolement total, et que la lucidité politique lui fit défaut. Mais où sa faute se précisa, c'est quand réfugié en terre étrangère, il n'accumula point tous les efforts possibles pour amener, pour contraindre les belligérants à la paix. Il se fit le valet, le serf, d'une Entente assoiffée de conquête, et il sacrifia le salut et l'avenir du pays aux buts inavoués des ses soi-disants protecteurs. Enfin, il acheva de choir quand à l'heure de la paix, il s'enfonça dans l'« antibochisme » hystérique des nationalistes intégraux, et plaça la Belgique dans l'inextricable situation sur laquelle j'ai suffisamment insisté dans ce livre, pour n'y point revenir encore.

Le carrefour que nous formons géographiquement est à l'heure actuelle, obstrué de trois côtés. A l'Est, c'est le désert allemand : toute l'activité de nos dirigents et des exécrables individus qui font pression sur eux nous a enlevé la possibilité de pouvoir d'ici longtemps, renouer avec nos voisins de Rhénanie les relations intimes dont nous avons besoin pour vivre. Au Nord, c'est le désert hollandais : l'odieuse campagne pour l'annexion des provinces néerlandaises, et l'avalanche d'injures de calomnies et de provocations dont l'ont accompagnée nos impérialistes, ont creusé entre la Hollande et la Belgique un fossé de ressentiments et de colères malsaines. A l'Ouest, on nous prépare activement le désert anglais; on avait commencé par dire que l'alliance occidentale engloberait l'Angleterre et qu'elle constituerait donc une « action, à trois »; mais Londres n'a pas souscrit à l'accord néfaste, et s'est retirée de combinaisons meurtrières; aussitôt, les aboyeurs ont commencé à donner de la voix contre l'Angleterre, et certains journaux ont entrepris contre elle une campagne de dénigrements et de diffamations semblable à celle dont ils s'étaient enorgueillis au temps du Transvaal; ils ont, disent-ils, choisi entre la France et l'Angleterre et ils exaltent Millerand au détriment de Lloyd George; ainsi, dans le conflit fatal entre la France et l'Angleterre dont l'échéance peut être retardée mais ne sera pas évitée, nous nous trouverons engagés à fond pour une cause étrangère et parfaitement odieuse.

Trois déserts. Reste le Sud: là, ce sera l'alliance et nous deviendrons, je l'ai dit, le Portugal de la République. A moins que nos populations flamandes ne nous soutiennent à l'heure décisive.

La responsabilité de ces trois déserts nous incombe et si la Belgique meurt, on devra crier non pas à l'assassinat, mais au suicide.

Notre situation internationale est en poudre. L'esprit internationaliste est pourchassé comme une hérésie et dénoncé comme un crime. Il semble qu'aucun espoir ne soit permis, et qu'aucune joie ne soit réservée aux derniers fidèles de la vieille tradition d'anti-militarisme et d'anti-nationalisme.

Il n'y a plus d'illusions possibles.

La Belgique entre dans une période d'effondrement et d'agonie économique à l'intérieur, — et dans une période de domination étrangère à peine déguisée. Dans la prochaine guerre déjà voisine, elle aussi apportera sa part de responsabilités sanglantes, avant de disparaître comme Etat, et de tomber, selon la fortune des armes, au rang de province française on de marche germanique.

Créée contre l'Histoire, par des diplomates et des dictateurs, elle aurait pu jouer un rôle. Mais ce pays sans nationalité s'est laissé atteindre par la fièvre nationaliste et dès lors son existence même n'est plus qu'une caricature tragique, et nul ne pourra regretter sa mort sincèrement.

Il aurait pu être quelque chose, servir la cause de l'humanité, et mériter l'amitié des hommes. Il n'aura rien fait que de s'ensanglanter les mains, avec cette sorte de frénésie mystique dont sont possédées les grandes puissances qui l'entourent. Né de l'arbitraire, il mourra par l'arbitraire, ne méritant aucune autre oraison funèbre que la parole de Jean Jaurès:

Qu'il s'en aille et que Dieu lui pardonne.

Table des matières.

Norman Angell

Il Trattato di Pace
e il caos economico europeo

In questo volume che ha avuto in Inghilterra enorme successo il celebre autore della *Grande Illusione* fa un completo esame critico del trattato di Versailles e delle sue conseguenze economiche e studia i mezzi della ricostruzione mondiale.

Un volume di 188 pagine LIRE OTTO

Romain Rolland

I Precursori

È il seguito e l'integrazione del famoso *Au dessus de la mêlée*. L'illustre autore di *Jean Cristophe,* il più grande scrittore della Francia contemporanea, chiama a raccolta in questo libro tutti gli spiriti liberi del mondo e dà loro, con suprema eloquenza, la parola d'ordine che potrà assicurare all'umanità un avvenire migliore.

Un volume di oltre 280 pagine LIRE DIECI

Francesco Ciccotti

L'Italia in rissa

Prefazione di Filippo Turati

Questo volume dell' on. Ciccotti rappresenta il programma dei Centristi ed è una difesa appassionata del
gruppo Turati, Modigliani, Prampolini. È un' opera di
polemica violentissima.

Un Volume di XVI-176 pagine LIRE SETTE

Claudio Treves

Come ho veduto la guerra

L' opera parlamentare del *leader* socialista che per la sua
grande competenza di questioni internazionali e per il
suo altissimo spirito di universalità e di umanità ha po-
tuto vedere e prevedere fin da principio quello che
sfuggiva alla interessata miopia dei governanti, è un
documento storico di eccezionale valore e costituisce
tutto un programma di azione per l' avvenire.

Un volume di circa 250 pagine LIRE DIECI

Di imminente pubblicazione :

Enrico Rosa (Rettore della " Civiltà Cattolica ")

Visione cattolica della guerra

Raccoglie gli scritti del R. P. Rosa durante la guerra. Tali scritti furono largamente imbiancati dalla Censura, sicchè buona parte del volume può considerarsi inedita. Essi rappresentano l'espressione più *autentica* e *autorizzata* dalla Santa Sede durante il conflitto, e mentre varranno a sfatare molte leggende e a dimostrare il millantato credito di molta gente, susciteranno senza dubbio in tutto il mondo enorme interesse e appassionate discussioni.

Un volume in-8° grande di circa 500 pagine LIRE VENTICINQUE

Jacques Sadoul

Note sulla rivoluzione bolscevica

È il famoso libro che valse al capitano J. Sadoul, membro dalla Missione militare francese in Russia la condanna a morte dei giudici francesi. È una completa narrazione, la sola autentica e sincera, dei fatti di Russia dall' Ottobre 1917 alla fine del 1918.

Un volume in-8° grande di oltre 460 pagine LIRE DODICI

Di prossima pubblicazione:

Nella collezione italiana:

G. Demartial - **Di chi la colpa ?**

H. Barbusse - **Il chiarore nell'abisso.**

Cesare Seassaro - **Epistole di un bolscevico
ai cattolici.**

Romain Rollaud - **Clerambault.**

C. Gide - **Guerra ed Economia.**

P. J. Jouve - **Romain Rolland** vivente.

E. D. Morel - **Il fardello dell'uomo nero.**

Nella collezione francese:

E. D. Morel - **Dix ans de diplomatie secrète.**

G. F. Nicolai - **Biologie de la guerre.**

Collezione 'I poeti contro la guerra,

Edizioni di gran lusso, carta vergata, copertina bianca ripiegata. Tiratura limitata.

È uscito:

Poesia e Arte Bolscevica

A. BLOK - Gli Sciti - Dodici — LARIONOF e GONCIAROVA - Tredici Disegni

Un volume di 100 pagine LIRE OTTO

In Gennaio usciranno:

Romain Rolland

LILULI - Farsa Lirica

Versione ritmica di questa recentissima opera del grande scrittore francese. Fantasia aristofanesca di grande diletto e profondità.

Un volume di oltre 150 pagine LIRE DODICI

I Poeti contro la guerra

ANTOLOGIA DELLA POESIA FRANCESE - 1914-1919

Versione ritmica dell' Antologia pubblicata in Svizzera dal Sablier, notevolmente ampliata e completata. Precedono una prefazione di Romain Rolland e un Saggio di Guglielmo Lucidi su la Pace nella poesia antica.

Un volume di oltre 200 pagine LIRE SEDICI

N. B. Chi acquisterà i tre volumi direttamente dalla Casa Editrice li pagherà solo Lire VENTICINQUE.

Rassegna Nazionale

(Fondata nel 1879)

Non occorrono parole di programma per questa antica e accreditata rivista che entra nel suo 43° anno di vita. Il prezzo di Abbonamento è stato mantenuto nei più bassi limiti possibili, sicchè possiamo affermare che la nostra è la più economica fra le grandi riviste italiane.

Direttore : ANTONIO CIACCHERI-BELLANTI

Direzione e Amministrazione : ROMA (6) Trinità dei Monti, 18
Sede di Firenze : Piazza Donatello, 10

. Prezzi d' abbonamento per il 1921

Un anno : . Lire 30 — Estero Frs. 35
Un semestre » 16 — » » 19

Rassegna Internazionale

È organo dell' U. D. C. Italiana e Francese, dei gruppi " Clarté „ italiani e del " Comité des études critiques et documentaires sur la guerre „

Comitato di redazione (Roma (6) Trinità dei Monti, 18) Guglielmo Lucidi - Roberto Palmarocchi

Collaborano fra gli altri :

Francesco Ciccotti, *Deputato* ; Cesare Degli Occhi ; A. Dobelli Zampetti ; G. B. Grassi, *senatore* ; Emanuele Modigliani, *deputato ;* Cesare Seassaro ; Claudio Treves, *deputato.*
George Aitken, Norman Angell, René Arcos, Henri Barbusse, Bar. Baudran, Carl Bonnevie, George Brandes, Lujo Brentano, René Claparède, Paul Colin, Jean Debrit, George Demartial, Gustave Dupin, Charles Gide, F. Gouttenoire de Toury, P. J. Jouve, Iosef Korec, Lucien Le Foyer, Magdeleine Marx, Max de Montgelas, Mattias Morardt, E. D. Morel, Arthur Ponsonby, Romain Rolland, Marie de Rusiecka, Lydia Schischmanow, Eva Vaykai, P. Vaillant-Conturier, Richard Woltereck, Stefan Zweig.

Nel 1921 la rivista uscirà regolarmente ogni mese.

PREZZI D' ABBONAMENTO

UN ANNO: Lire 25 - In Francia e all' Estero: Frs. 25

Abbonamento cumulativo alle due riviste

UN ANNO: Lire 50 - Estero: Franchi 50

Frs. 5
(Lire OTTO)